★★★ 中等职业教育通用教材

厚莹艳 吕宏 编著

兰州大学出版社

Office 2007 YINGYONG CAOZUO ZHINAN

Office 2007
应用操作指南

zhongdengzhiyejiaoyu

图书在版编目(CIP)数据

Office 2007应用操作指南 / 厚莹艳,吕宏编著. —兰州:兰州大学出版社,2014.4

ISBN 978-7-311-04432-9

Ⅰ.①O… Ⅱ.①厚… ②吕… Ⅲ.①办公自动化—应用软件—指南 Ⅳ.①TP317.1-62

中国版本图书馆CIP数据核字(2014)第063283号

责任编辑 郝可伟
封面设计 刘 杰

书　　名 Office 2007应用操作指南
作　　者 厚莹艳 吕 宏 编著
出版发行 兰州大学出版社 (地址:兰州市天水南路222号 730000)
电　　话 0931-8912613(总编办公室) 0931-8617156(营销中心)
　　　　 0931-8914298(读者服务部)
网　　址 http://www.onbook.com.cn
电子信箱 press@lzu.edu.cn
印　　刷 兰州德辉印刷有限责任公司
开　　本 787 mm×1092 mm 1/16
印　　张 9
字　　数 192千
版　　次 2014年4月第1版
印　　次 2014年4月第1次印刷
书　　号 ISBN 978-7-311-04432-9
定　　价 23.00元

前 言

Microsoft Office 办公软件是我们日常工作、学习应用最多、最基础的一个办公软件。小到出一个通知、大到编辑出版一本书，都可以用Microsoft Office 办公软件完成。因此，中职学生，尤其是计算机专业的中职学生为了更好地就业，更早地成为一名现代企业合格的员工，必须熟练掌握Microsoft Office 办公软件。

本书共有十个项目，内容包括Word 2007概述，文本基本编辑，高级文本编辑，Word 2007表格的制作，图文混排，综合课，Excel 2007基本操作，公式、函数及表格格式化，创建图表与打印工作表，数据操作及表使用知识点的应用分析。书后附有对应任务的实训报告表。

本书在编写过程中，突出了以下特点，以力图区别于其他同类教材：

1.先进的教学理念

根据教育部关于职业教育"以服务为宗旨，以就业为导向，体现岗位技能要求，促进学生实践操作能力培养"的基本指导思想，为了适应职业教育课程改革的发展，本书在编写过程以教学实践为基础，采用"项目—任务"的编写方式，力求体现先进的教学理念。把每个项目分为若干个需要掌握的任务，以任务细化技能要点，在实践操作中学习基础知识、基本技能。

2.实践性、操作性强

充分考虑中等职业学校学生的现状，着重操作技能的培养，淡化理论，突出实践。

3.实用性强

本书以就业为导向，注重职业院校的授课情况及学生的认知水平，在内容上加大了与实际应用相结合的编写比例，突出基础知识的掌握和基本技能的培养。同时做到图文并茂、简明扼要、通俗易懂，体现"教、学、做"一体的职业教育思想，突出与操作技能相关的必备专业知识，使学生在项目教学模式中带着任务去实践，为学生成功就业打好基础。

根据课程要求，建议本书的学时为72学时，具体如下表所示：

教学内容	实训讲授课时
项目一　Word 2007概述	4
项目二　文本基本编辑	8
项目三　高级文本编辑	12
项目四　Word 2007表格的制作	6
项目五　图文混排	12
项目六　综合课	4
项目七　Excel 2007基本操作	8
项目八　公式、函数及工作表格式化	6
项目九　创建图表与打印工作表	4
项目十　数据操作及表使用知识点的应用分析	8
总计	72

本书是办公软件使用技术的入门教材，适合作为中等职业学校计算机及相关专业的专业课教材，也可以作为各类培训用书、办公软件爱好者的自学用书。

由于作者的水平有限，加之时间仓促，书中难免有疏漏之处，恳请广大读者给予批评指正。

厚莹艳

2014年1月11日

目　录

项目一　Word 2007概述

【项目导读】

随着办公自动化软件的广泛应用，文字处理软件的应用也越来越广泛，是以后就业的必备技能。本项目介绍 Word 2007 的基本知识和新建、保存等基本操作。

【技能目标】

1. 了解 Office 2007办公软件的功能、发展史及软件组成。

2. 掌握新建、保存、打开 Word 2007 文档。

3. 掌握复制、粘贴、查找、替换、插入特殊符号等操作。

【知识准备】

Office 办公软件的功能；Word 2007 基础知识。

任务一　认识 Word 2007

任务目标

认识 Word 2007 的界面，以及界面内各个命令的基本功能。

任务实施

一、启动 Word 及界面认识

1. 启动 Word

(1)快捷方式：双击桌面上的 Word 快捷方式图标(注意：如果桌面上没有，可以从“程序”中用右键创建快捷方式。)

(2)常规方法：就是在 Windows 下运行一个应用程序的操作。从“开始菜单”启动。如图1.1所示。

2. 界面认识

当 Word 启动后，首先看到的是 Word 的标题屏幕，然后出现 Word 窗口并自动创建一个名为“文档 1”的新文档。

Word 2003 的窗口由标题栏、菜单栏、工具栏、工作区和状态栏等部分组成，如图 1.2 所示。不同于 Word 2003，在 Word 2007 中，微软把原先 Windows 系统中常见的菜单栏完全去掉了，改成全工具栏的形式，而且界面上有很多小三角，每个小三角下面有更多功能，Word 2007 工作界面如图 1.3 所示，由 Office 按钮、快速访问工具栏、标题栏、功能选项卡和功能区、帮助按钮、文档编辑区、标尺、状态栏和视图栏等组成。

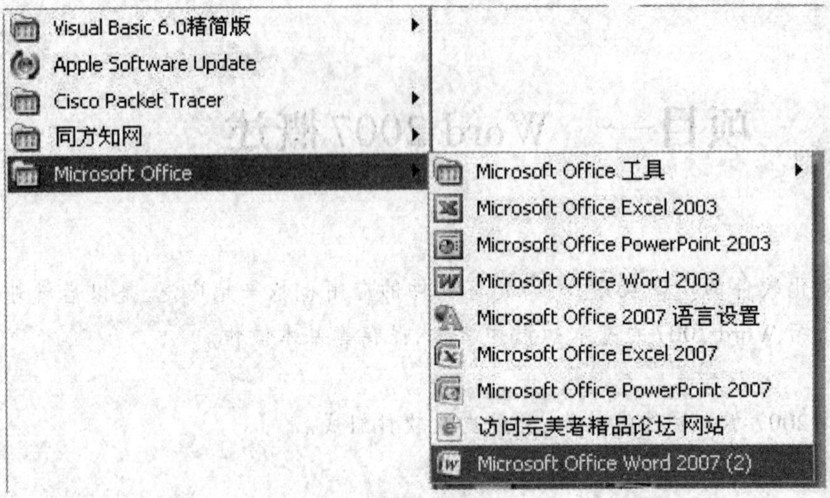

图 1.1　启动 Word 2007 文档

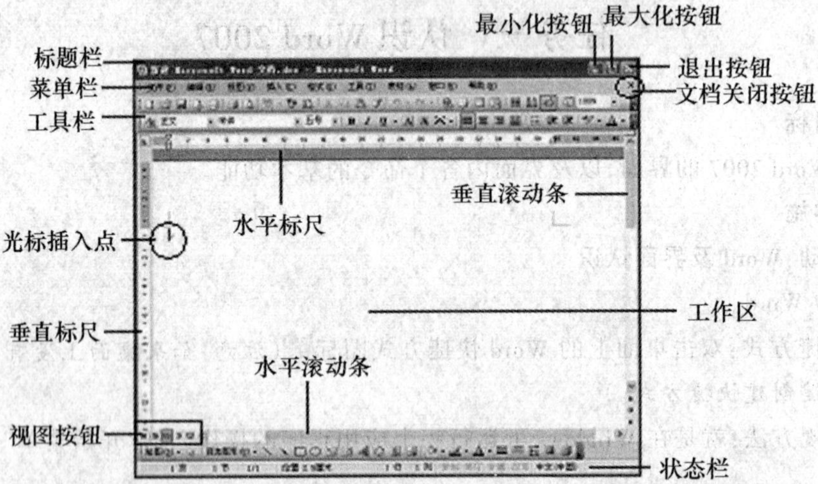

图 1.2　Word 2003 界面组成

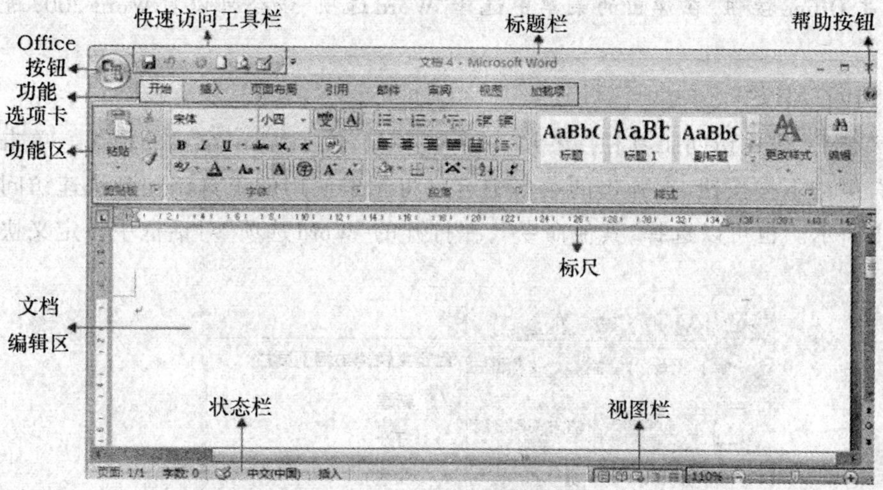

图1.3　Word 2007界面组成

(1)Office按钮

位于窗口的左上角,其功能和旧版本的Office组件的菜单栏中的“文件”菜单的功能一样。单击Office按钮,在弹出的Office菜单中可以执行新建、打开、保存、打印等操作,如图1.4所示。

图1.4　Office按钮弹出菜单

注意:单击Office按钮,在弹出的菜单中选择"Word选项"命令可以对Word 2007进行高级设置。

(2)快速访问工具栏

在默认状态下,快速访问工具栏位于Word窗口的顶部。单击快速访问工具栏右侧的下拉按钮,在弹出的菜单中可以将频繁使用的工具添加到快速访问工具栏中,如图1.5所示。也可以选择"其他命令",在打开的"Word选项"对话框中自定义快速访问工具栏。

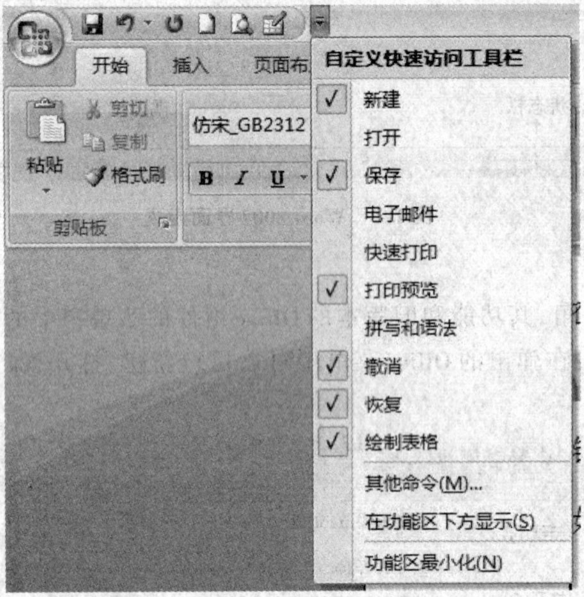

图1.5 Office快速访问工具栏按钮下拉菜单

(3)标题栏

标题栏位于快速访问工具栏的右侧。如图1.6所示:

图1.6 标题栏

标题栏用于显示正在操作的文档的名称和程序的名称等信息。其右侧的3个窗口控制按钮为"最小化"按钮、"还原/最大化"按钮和"关闭"按钮,单击它们可执行相应的操作。

(4)功能选项卡和功能区

功能选项卡与功能区是对应的关系。单击某个选项卡即可打开相应的功能区,在功能区中有许多自动适应窗口大小的工具栏,为用户提供了常用的命令按钮或列表框,如图1.7所示。有的工具栏右下角有一个小图标,称为"对话框启动器"按钮,单击它将打开相关的对话框或任务窗格,以进行更详细的设置。

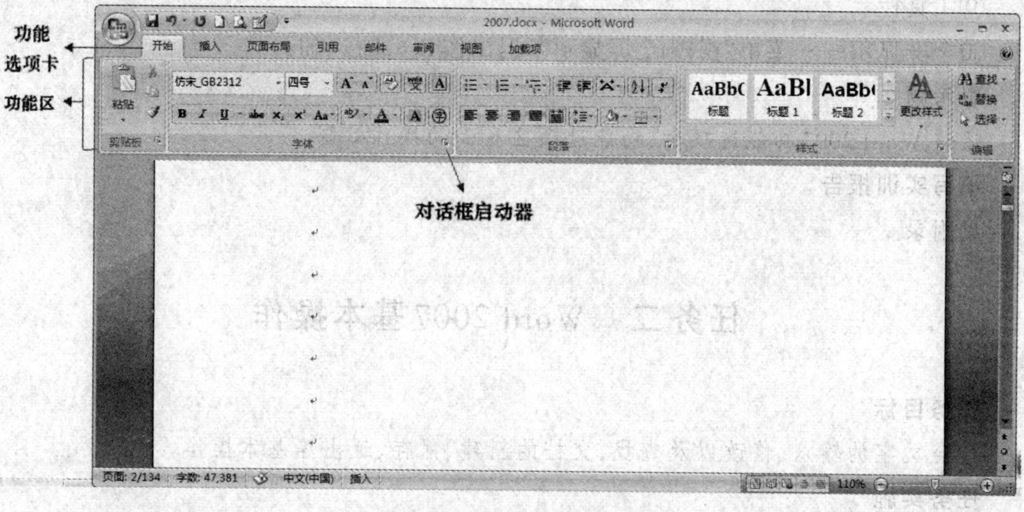

图 1.7 功能选项卡与功能区

(5)帮助按钮

在功能选项卡的右端有一个“帮助”按钮,单击它可打开相应组件的帮助窗格,从中可查找到用户需要的帮助信息。

(6)文档编辑区和标尺

文档编辑区是 Word 2007 中最大、最重要的部分,所有关于文本编辑的操作都将在该区域中完成,文档编辑区中有个闪烁的光标,用来定位文本的输入位置。在文档编辑区的左侧和上侧都有标尺,其作用为确定文档在屏幕及纸张上的位置。在文档编辑区的右侧和底部都有滚动条,当在编辑区内只能显示文档部分内容时,可以通过拖动滚动条来显示其他内容。

(7)状态栏和视图栏

状态栏位于操作界面的最下方,主要用于显示与当前工作有关的信息。视图栏中可以选择文档的查看方式和设置文档的显示比例。

①普通视图——以通用格式显示文档,不显示页边距、页眉、页脚,可以方便编辑文档。

②Web 版式——显示文本,不显示分页符,只显示最小的边距,文本扩展到整个窗口,可显示指定的背景颜色和图片,适用于阅读文档。

③页面视图——完全按照文档打印出来时的外观显示文本和图形,包括所有的页边距、页眉、页脚,但在该视图下,Word 可能比普通视图下运行稍慢,滚动也不很平滑。

④大纲视图——显示文档的组织结构,可以看到不同级别的详细内容。

⑤阅读版式——这是 Word 2003 独有的一项,适合阅读时用。

⑥打印预览——显示一张(多张)打印页面的图像,并允许调整页面设置。

⑦显示比例——不会影响文本存储或打印时的实际大小,只影响在窗口中查看文档时的显示比例。

⑧菜单“视图|显示比例”。

⑨工具栏。

⑩全屏显示——菜单“视图|全屏显示”(退出按Esc或按×钮)。

思考题

谈谈 Word 2007功能选项卡、功能选项区界面的操作心得。

填写实训报告

见附录。

任务二　Word 2007基本操作

任务目标

学会文字的输入、修改以及查找,文档的新建、保存、退出等基本操作。

任务实施

一、输入和修改文字

在 Word 2007中最基本的就是输入文字。

1. 输入文字

输入法切换:Ctrl+Shift。在第一行、第一列有一个闪烁的垂直条,称为插入点。

2. 输入特殊符号

有时候需要输入一些键盘上没有的符号:如算术符号、版权号等。“插入”功能选项卡—“符号”工具栏—“其他符号”。如图1.8所示。

图1.8　“插入符号”对话框

3. 简单的文档排版

欢迎同学们来到平凉机电工程学校学习,希望大家能在这里度过美好的时光。

（1）选定文字

用鼠标选定文本：首先将“I”形鼠标指针移到所要选定文本区的开始处，然后拖动鼠标直到所选定文本区的最后一个文字并松开鼠标右键。这样鼠标拖过的区域被选定。

选定一行：将“I”形鼠标指针移到这一行左端的选定区，当鼠标指针变成向右上方指的箭头时，单击一下就可以选定一行文本了。

选定一段：将“I”形鼠标指针移到这一段左端的选定区，当鼠标指针变成向右上方指的箭头时，双击就可以选定一段文本了。

选定整个文档：将“I”形鼠标指针移到文档左侧的选定区，连续快速三击或按快捷键Ctrl+A。

选定连续区域：按Shift。首先用鼠标指针单击选定区域的开始处，然后按住Shift键，再配合滚动条将文本翻到选定区域的末尾，单击选定区域的末尾，则两次单击范围中所包括的文本就被选定。

选定不连续区域：长按Ctrl，分别选定。

（2）修饰文本

欢迎同学们来到平凉机电工程学校学习，希望大家能在这里度过美好的时光。

“开始”功能选项卡：在“字体”工具栏设置字体、字号、对齐方式、颜色、加粗、倾斜、删除文字，撤消操作（Ctrl+Z），取消撤消操作（Ctrl+Y），改变显示比例，如图1.9所示。

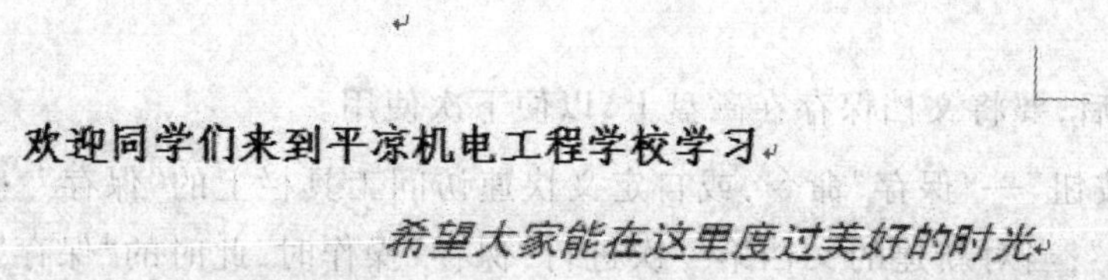

图1.9 修饰后的文本

4.复制与移动操作

在输入文本和编辑文档的时候，常常会重复输入一些前面已经输入过的文本，使用复制操作可以减少键入错误提高效率。有时需要把文本从一个位置移动到另一个位置，叫移动。

首先选定要复制的内容，然后可以有三种操作方法：

（1）通过“开始”功能选项卡上的“剪贴板”工具栏“复制”和“粘贴”按钮来实现文本的复制。具体步骤如下：首先，选定要复制的内容，单击复制按钮，将选定内容的副本临时保存到剪贴板上。将插入点移到文本要复制的新位置，单击“粘贴”按钮。此位置可以是在另一个文档上。

（2）快捷键：复制为Ctrl+C；粘贴为Ctrl+V；剪切为Ctrl+X。

（3）使用鼠标拖动复制文本：如果所要复制的文本块比较短小，而且复制的目标位置就在同一屏幕中，那么用鼠标拖动复制显得更为简捷。直接拖动是移动，按住 Ctrl 键拖动是复制(一般用于文档内部)。

5.查找和替换(Ctrl+H)

在输入的文字比较多的时候，如果要查找某项内容，以便修改，可以利用 Word 2007 的查找功能。步骤如下："开始"功能选项卡的"编辑"工具栏中，选择"查找"或"替换"按钮，在"查找内容"框输入想要查找的文字，在"替换为"文本框中输入要替换的文字，如图 1.10 所示。

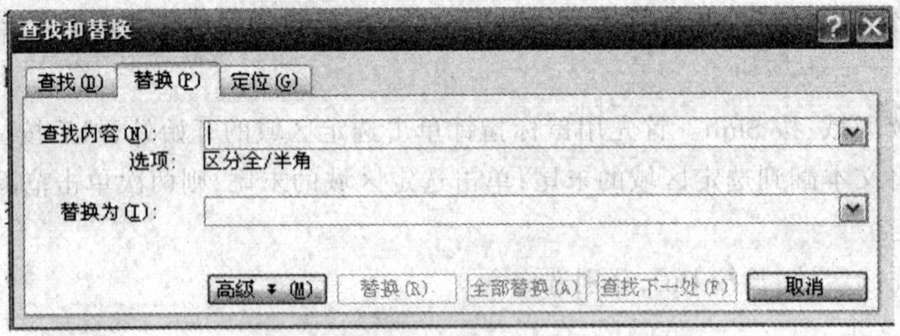

图 1.10　"查找和替换"对话框

二、保存文档与新建文档及退出 Word 2007

当文档输入完毕后，此文档的内容还驻留在计算机的内存之中。为了永久保存所建立的文档，在退出 Word 2007 前应将它作为磁盘文件保存起来。保存文档的方法有如下几种：

1. 保存文档

当我们编辑完之后，要将文档保存在磁盘上，以便下次使用。

(1)单击"Office 按钮"—"保存"命令，或自定义快速访问工具栏上的"保存"按钮，或直接按快捷键"Ctrl+S"；当对新建的文档第一次进行"保存"操作时，此时的"保存"命令相当于"另存为..."。

(2)出现"另存为"对话框，依次设置保存位置，文件名"保存位置"列表框：选定所要保存文档的文件夹，在"文件名"列表框中键入具体的文件名，然后单击"保存"按钮，执行保存操作，如图 1.11 所示。文档保存后，该文档窗口并没有关闭，用户可以继续输入或编辑该文档。

2. 新建文档

当我们需要做一个新文件时，我们就需要新建一个文档。

新建文档有三种方法：

方法一："Office 按钮"里的"新建"命令；

方法二："自定义快速访问工具栏"—"新建"按钮；

方法三：直接按快捷键"Ctrl+N"。

3. 退出文档

当我们编辑完成之后，需要退出 Word 2007 文档。把资源还给操作系统。退出 Word

2007有三种方法：

方法一：单击标题栏上的关闭按钮 ；

方法二：单击"Office按钮"里面的"关闭"命令；

方法三：按快捷键"Alt +F4"。

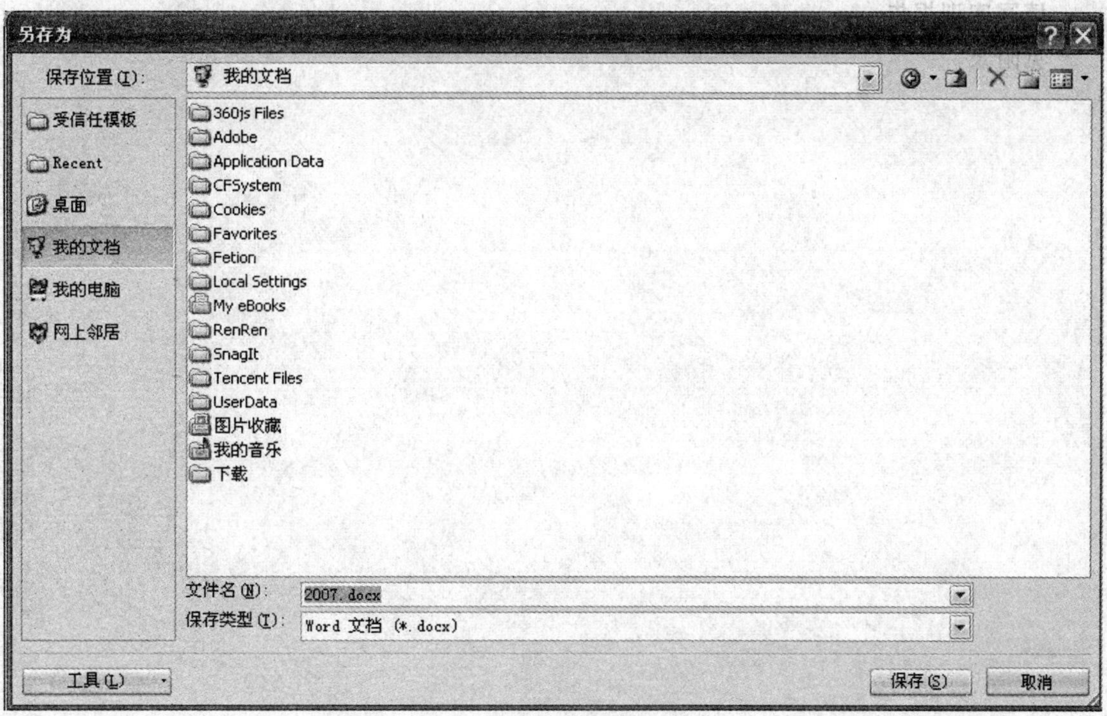

图1.11 "另存为"对话框

4.打开文档

当我们要查看、修改、编辑或打印已存在的Word 2007文档时，首先应该打开它。

打开文档有三种方法：

方法一：单击"Office按钮"—"打开"命令；

方法二：单击"自定义快速访问工具栏"上的"打开"按钮 ；

方法三：按快捷键"Ctrl+O"。

打开文档后，如果对文档进行了修改，则需要再保存一次。修改后的文档以原来的文件名保存在原来的文件夹中。此时不再出现"另存为"对话框。

注意：输入或编辑一个大文档时，最好随时做保存文档的操作，以免计算机的意外故障引起文档的丢失。

5. 用另一文档名保存文档

单击"Office按钮"—"另存为..."命令把一个文件以另一个不同的名称保存在同一文件夹下，或保存到不同的文件夹中去。例如：当前正在编辑的文档名为"申请表"，如果既想保存原来的文档,又想把编辑修改后的文档另存为一个名为“王强的申请表”的文档,那么就可以使用“另存为...”命令。

思考题

文档另存后和原来文档之间有什么区别?

填写实训报告

见附录。

项目二　文本基本编辑

【项目导读】

文档经过编辑、修改成为一篇正确、通顺的文章后，还需要进行排版，使之成为一篇图文并茂、赏心悦目的文章。在学习了Word 2007的基本操作之后，需要在此基础上掌握文本的基本编辑，本项目主要介绍文字格式的设置、段落的排版、页面设置、项目符号和标号的设置等。

【技能目标】

1. 掌握文字格式的设置、段落的排版、项目符号和标号的设置。

2. 理解制表位的使用。

【知识准备】

Word 2007的基本操作。

任务一　文字格式设置

任务目标

学会设置文字的各种格式，修改文字效果。

任务实施

一、设置文字格式

Word 2007默认字体格式：汉字为宋体，五号；西文为：Times New Roman，五号。文字格式主要指的是：字体，字形，字号。此外，还可以给文字设置颜色，加下划线、边框和底纹等。

1.设置文字字体、字形、字号

设置文字格式的方法："开始"功能选项卡下面的"字体"工具栏，如图2.1所示。使用"字体"工具栏按钮设置"字体""字号"。字形设置："加粗"设置使用 B 按钮，快捷键Ctrl+B；"倾斜"设置使用 I 按钮，快捷键"Ctrl+I"。如图2.1所示。

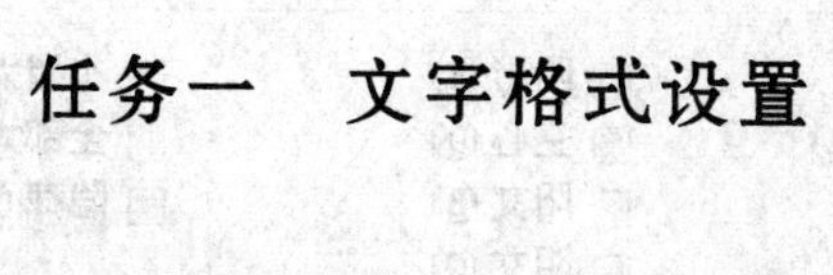

图2.1　"字体"功能选项区

2.设置文字颜色，加下划线、边框和底纹等

颜色设置使用按钮；“下划线”设置使用按钮：线形、颜色，快捷键 Ctrl+U；边框设置使用按钮，底纹设置使用按钮，如图 2.1 所示，只能加黑色边框和灰色底纹；要设置边框的线形、颜色、宽度及底纹的各种颜色，可使用段落功能选项区的设置。此外，文字的设置可以点击功能选项区右下角的对话框启动器打开字体设置对话框进行设置，如图 2.2 所示。

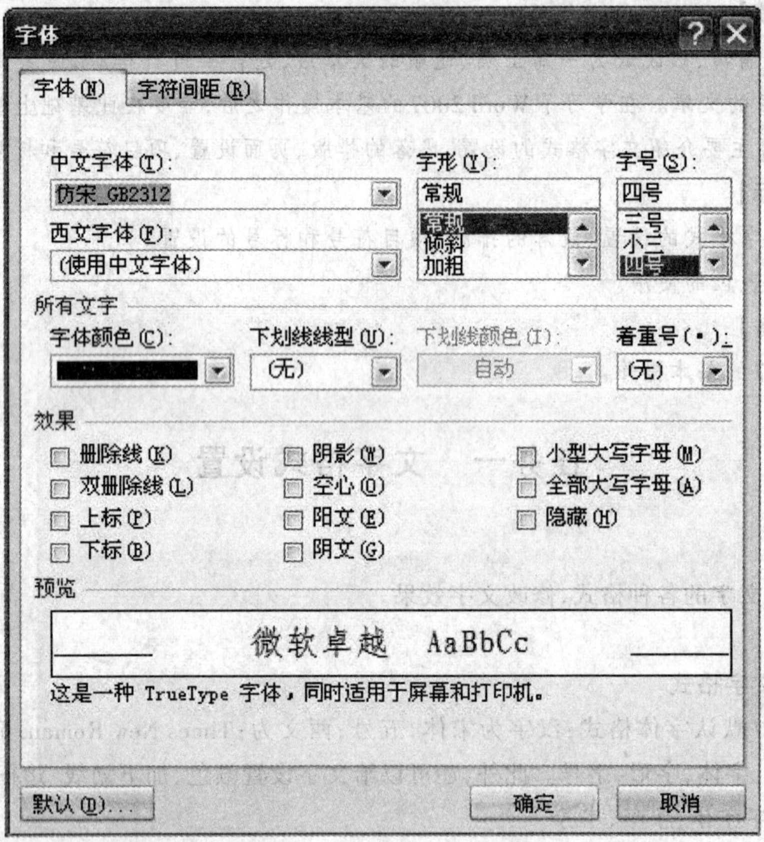

图 2.2　“字体”设置对话框

二、改变字间距、文字效果

使用“字体”工具栏按钮，或者点击工具栏右下角的对话框启动器打开字体设置对话框，选择第二个“字符间距”选项卡进行设置，设置“字符间距”、“字的缩放”、“字的位置”等，如图 2.3 所示。“文字效果”在此对话框的第一个选项卡“字体”进行设置，如图 2.2 所示。

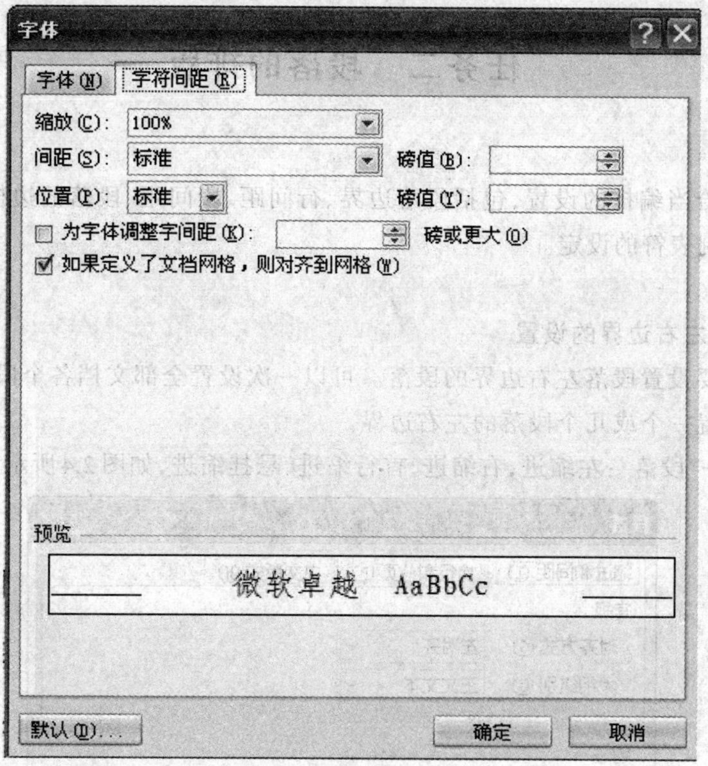

图 2.3 “字符间距”设置选项卡对话框

三、格式的复制和清除

对一部分文字设置的格式可以复制到另一部分的文字上，使其具有相同的格式。设置好的格式，如果觉得不满意，那么也可以清除它。使用“开始”下面“剪贴板”工具栏上的“格式刷”按钮。

1. 格式的复制

(1)选定已设置格式的文本；

(2)双击工具栏上的“格式刷”；

(3)将鼠标指针移到要复制格式的文本开始处，拖动鼠标；

(4)取消“格式刷”功能：只要在单击“格式刷”按钮或按 Esc。

2. 格式的清除

(1)选中要清除格式的文本；

(2)“开始”—“字体”工具栏—按钮；或按组合键“Ctrl+Shift+Z”。

思考题

文字的边框和底纹类型及底纹颜色如何设置？

填写实训报告

见附录。

任务二　段落的排版

任务目标

学会段落恰当编排的设置，包括段落边界、行间距、段间距、段落的边框和底纹设置，以及项目编号和制表符的设定。

任务实施

一、段落的左右边界的设置

首先选定要设置段落左右边界的段落。可以一次设置全部文档各个段落的左、右边界，也可以单独设置一个或几个段落的左右边界。

1.“开始”—“段落”：左缩进，右缩进，首行缩进，悬挂缩进，如图2.4所示。

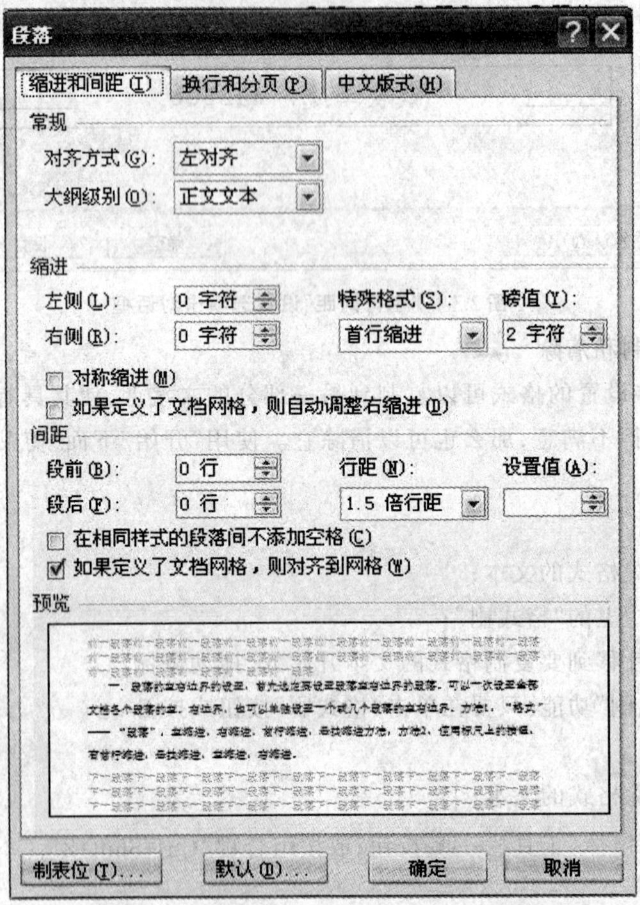

图2.4　“段落”对话框“缩进和间距”选项卡

2.使用标尺上的按钮：有首行缩进、悬挂缩进、左缩进、右缩进，如图2.5所示。

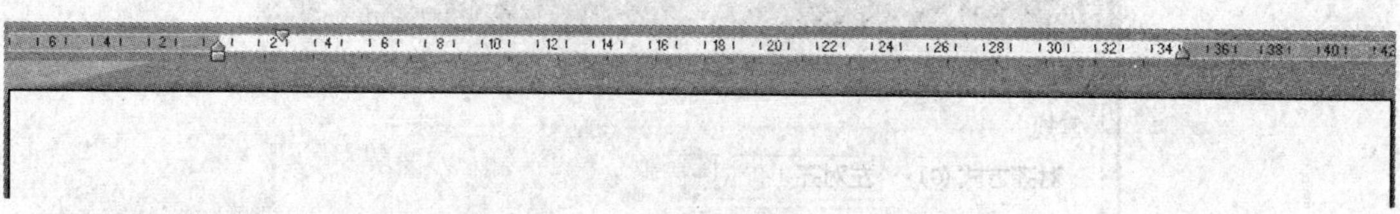

图 2.5　使用标尺设置缩进

3.使用“开始”功能选项卡里段落工具栏的按钮。

二、设置段落对齐方式

“段落”工具栏上的“对齐”按钮，可以设置段落对齐方式：左对齐（Ctrl+L）；居中（Ctrl+E）；右对齐（Ctrl+R）；两端对齐（Ctrl+L）；分散对齐（Ctrl+Shift+D）。

三、行间距与段间距的设定

一般情况下，对段落内的行距，Word 2007 会根据用户设置的字体大小自动调整行高。有时，键入的文档不满一页，为了使页面显得饱满、美观，可以适当增加字间距和行距；有时，键入的内容稍稍超过了一页，为了节省纸张，可以适当减小行距。

通常我们用回车键插入空行的办法来增加段间距或行距。显然这是一种不得已的办法。在 Word 2007 中，我们可以使用以下方法进行设置。

1.行距设置

用“开始”选项卡中“段落”工具栏的按钮设置精确的行距、单倍行距、1.5 倍行距、多倍行距等；还可以增加段前间距或增加段后间距（也可以在“段落”对话框的“缩进和间距”选项卡下面进行设置）。

2.段间距的设置

可以点击“开始”功能选项卡里“段落”工具栏右下角的对话框启动器，在“段落”对话框的“缩进和间距”选项卡下面进行设置，如图 2.6 所示。也可以在“页面布局”功能选项卡的“段落”工具栏设置，如图 2.7 所示，如果需要进行更精确的设置，可同样点击工具栏右下角的对话框启动器，在“段落”对话框的“缩进和间距”选项卡下面进行设置。段和段的距离，一般要比行间距要大。一般标题的段前和段后都设为 18 磅，以突出标题。

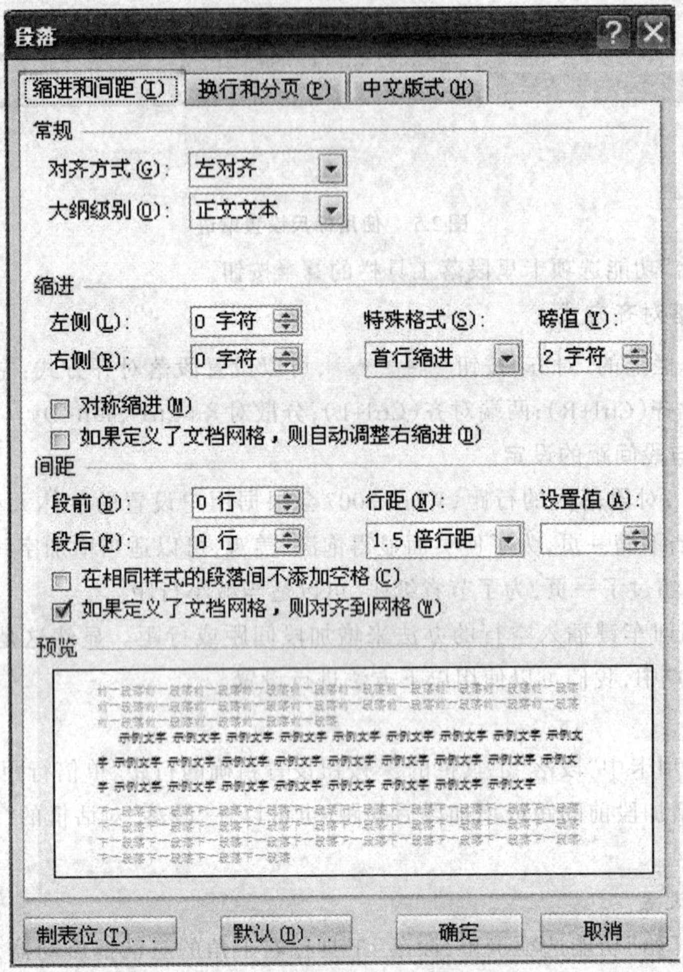

图 2.6 行间距与段间距设置选项卡

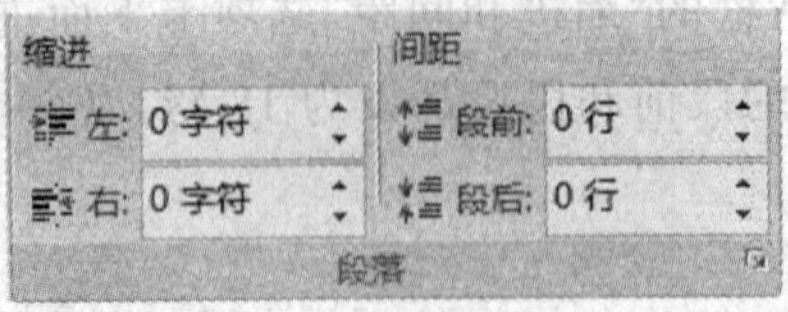

图 2.7 行间距与段间距设置段落工具栏

四、给段落添加边框和底纹

有时，对文章的某些重要段落或文字加上边框和底纹，使其更为突出和醒目。方法："开始"—"边框和底纹"按钮 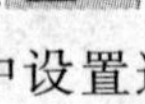—"边框和底纹"对话框。

1.在"边框"选项卡中设置边框样式，在"线型""颜色""宽度"中选择线型、颜色、宽度，如图 2.8 所示。

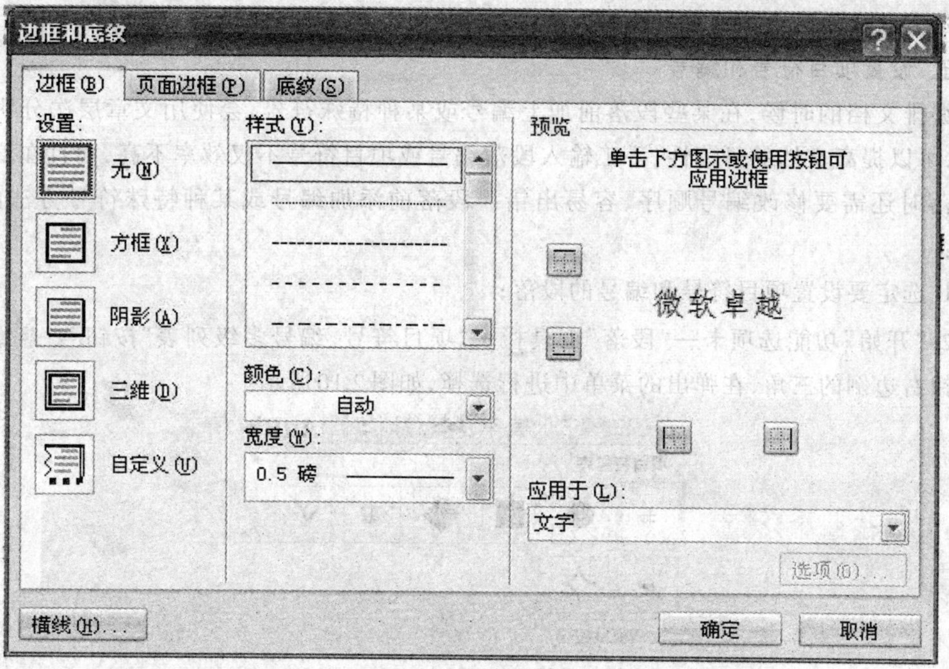

图 2.8 “边框”选项卡

2.页面边框的设置同正文边框设置。

3.在“底纹”选项卡中，“填充”栏选择填充色，“图案”栏选择图案的样式和颜色，如图 2.9 所示。

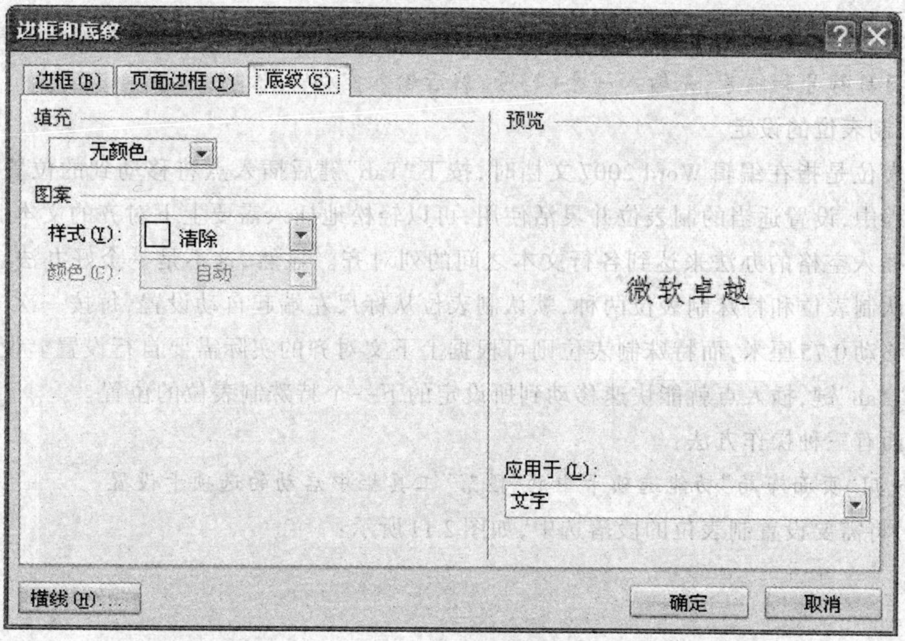

图 2.9 “底纹”选项卡

注意：在“应用于”中，可以设置效果应用于文字还是段落。

五、设置项目符号和编号

编排文档的时候，在某些段落前加上编号或某种特殊符号，会使用文章层次分明、容易阅读，可以提高文档的可读性，手工输入段落编号或项目符号不仅效率不高，而且在增加、删除段落时还需要修改编号顺序，容易出错。段落前添加编号或某种特殊符号方法的步骤如下：

1. 选定要设置项目符号和编号的段落；

2.“开始”功能选项卡—“段落”工具栏—“项目符号、编号多级列表”按钮，点击按钮右边倒的三角，在弹出的菜单中进行选择，如图2.10所示。

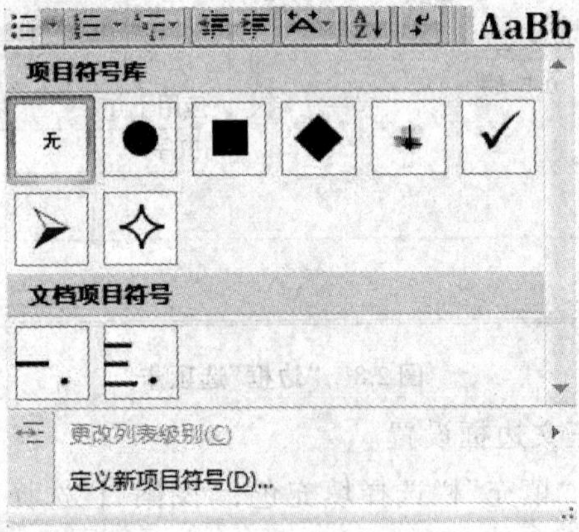

图2.10 “项目符号”选择菜单

注意：项目符号、编号和多级列表中的“自定义”，可以更改项目符号或编号的样式。自动创建项目符号和编号：先输入一个(*)号，然后输入空格。

六、制表位的设定

制表位是指在编辑Word 2007文档时，按下“Tab”键后插入点将移动到的位置，在输入文本过程中，设置适当的制表位并灵活使用，可以轻松地插入需要上下对齐的文本。初学者往往用插入空格的办法来达到各行文本之间的列对齐。显然，这不是一个好办法。制表位分为默认制表位和特殊制表位两种，默认制表位从标尺左端起自动设置，每按一次“Tab”键，插入点移动0.75厘米，而特殊制表位则可根据上下文对齐的实际需要自行设置。设定后，每按一次“Tab”键，插入点就能快速移动到所设定的下一个特殊制表位的位置。

下面有三种操作方法：

1.使用“页面布局”功能选项卡中的“段落”工具栏中启动的选项卡设置

(1)将需要设置制表位的段落选中，如图2.11所示：

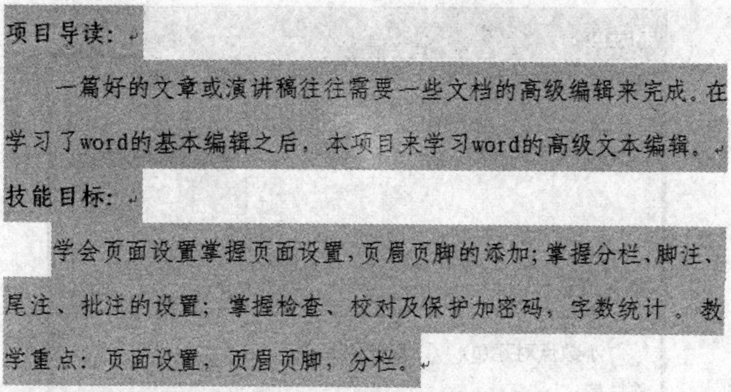

图 2.11 选中的段落

(2)点击“页面布局”功能选项卡，在“段落”工具栏中点击右下角的下拉三角形，弹出“段落”对话框，如图 2.12 所示：

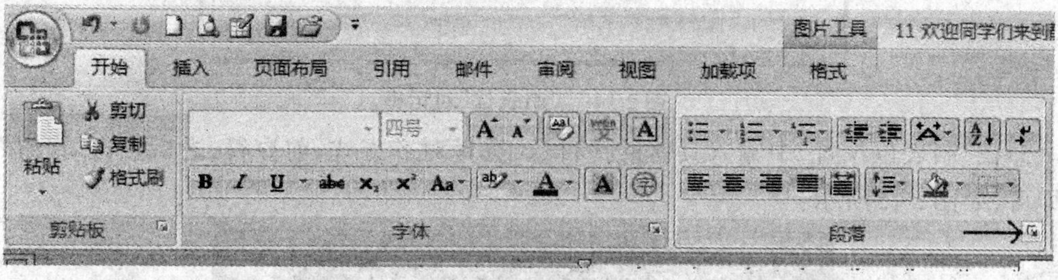

图 2.12 “段落”工具栏

(3)点击“段落”对话框左下角的“制表位”按钮，如图 2.13 所示：

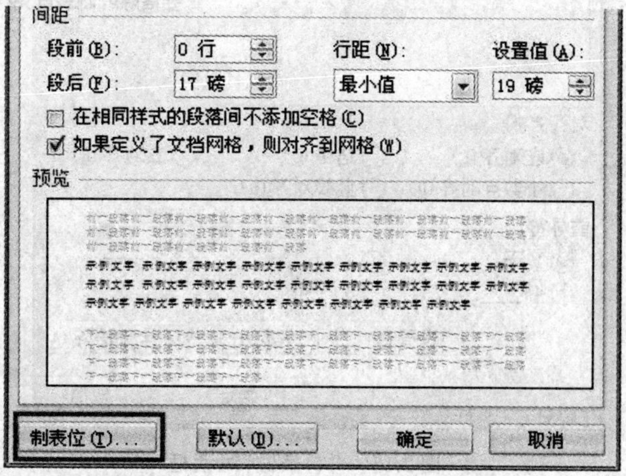

图 2.13 “段落”对话框的制表位按钮

(4)弹出“制表位”对话框，如图 2.14 所示：

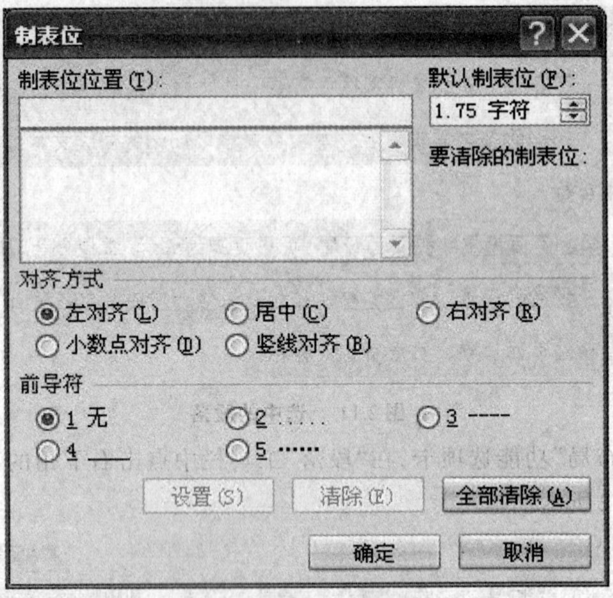

图 2.14 “制表位”对话框

(5)在“制表位位置”中输入具体的字符数，选择对齐方式、前导符，之后点击“设置”、“确定”即可，如图 2.15 所示：

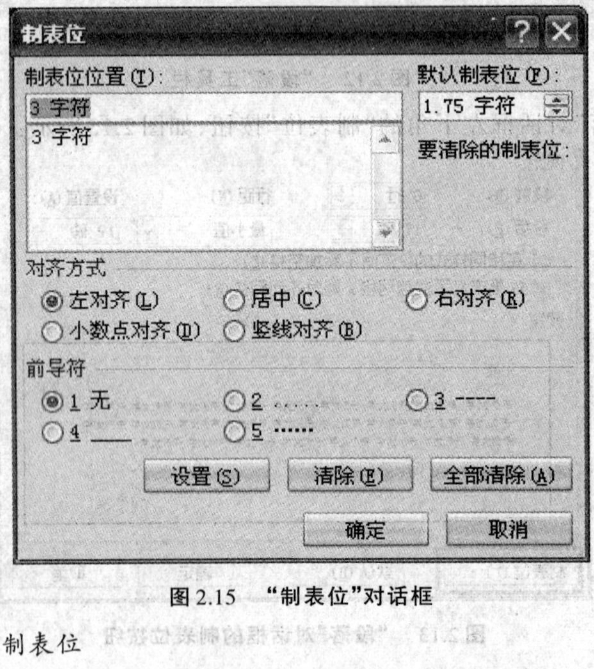

图 2.15 “制表位”对话框

2.使用标尺设置制表位

(1)单击水平标尺最左端的“左对齐式制表符”，直到它更改为所需制表符类型：“左对齐式制表符”、“右对齐式制表符”、“居中式制表符”、“小数点对齐式制表符”或“竖线对齐式制表符”。

(2)在水平标尺上单击要插入制表位的位置。若要设置精确的度量值,参照方法1的5个步骤,在“制表位位置”下输入所需度量值,然后单击“设置”。

3.用前导符字符设置制表符

(1)参照方法1的前4个步骤;

(2)在“制表位位置”下,键入新制表符的位置,或选择要为其添加前导符(前导符:在目录中使用或填充制表符空白位置的实线、虚线或点划线)的现有制表位;

(3)在“对齐方式”下,选择在制表位键入的文本的对齐方式;

(4)在“前导符”下,单击所需前导符选项,然后单击“设置”。

4.取消制表位位置

只要往下拖动水平标尺上的制表符图标离开水平标尺即可。

思考题

Word 2007的哪两个功能选项卡的功能区有“段落”设置工具栏?

填写实训报告

见附录。

项目三　高级文本编辑

【项目导读】

一篇好的文章或演讲稿往往需要一些文档的高级编辑来完成。在学习了 Word 2007 的基本编辑之后，本项目来学习 Word 2007 的高级文本编辑。

【技能目标】

掌握页面设置、页眉页脚的添加；掌握分栏、脚注、尾注、批注的设置；掌握检查、校对及保护加密码、字数统计。

【知识准备】

Word 2007 的基本编辑操作。

任务一　版面编辑

任务目标

掌握页面设置方法，页眉页脚编辑，页码、分隔符的插入方法。

任务实施

一、页面设置

提到排版，就离不开页面设置。因为页面纸张的大小、页边距的宽窄以及版面的设置都会直接影响到文档外观和打印结果。因此，页面设置是排版中最重要的环节之一。在“页面布局”功能选项卡的“页面设置”工具栏中可以选择纸张大小和方向、进行纸张页边距的设置等；在“页面背景”给页面添加水印，设置页面颜色和页面边框，如图 3.1 所示。

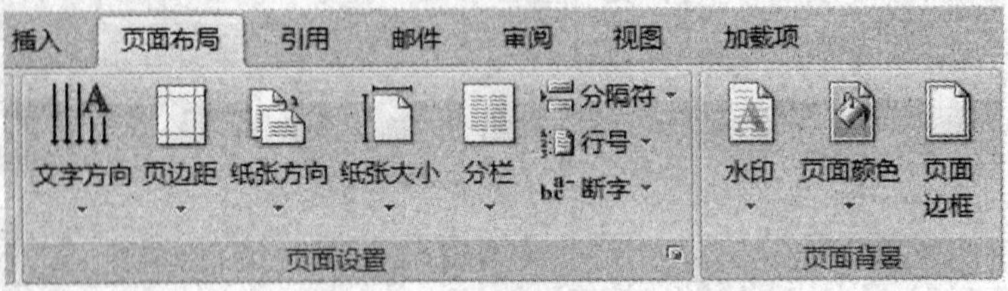

图 3.1　“页面布局”设置功能区

二、插入页眉、页脚

页眉和页脚分别是打印在一页顶部和底部的注释性文字或图形。它不是随着文本输入的，而是通过命令设置的。页码是最简单的页眉或页脚。在页脚中，可以设置作者的姓名、日期等。页眉和页脚也可以是比较复杂的。页眉和页脚只能在页面视图和打印预览方式下看见。

1.建立页眉、页脚

(1)单击“插入”功能选项卡,出现“页眉和页脚”工具栏,如图3.2所示。

图3.2　“页眉和页脚”工具栏

(2)单击“页眉”、“页脚”小三角—“编辑页眉”、“编辑页脚”,出现“页眉和页脚设计”选项卡和工具栏,如图3.3所示,随后可在“选项”和“位置”工具栏,进行“页眉和页脚”编辑。

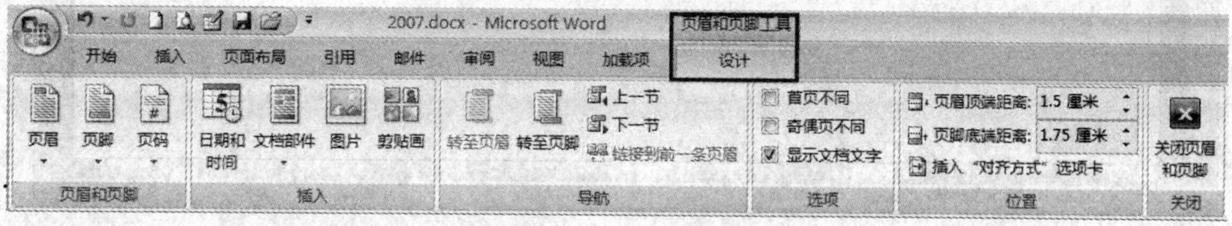

图3.3　“页眉和页脚工具设计”选项卡及工具栏

2.页眉页脚的删除

(1)单击“插入”功能选项卡,出现“页眉和页脚”工具栏,如图3.2所示。

(2)单击“页眉”、“页脚”小三角—“删除页眉”、“删除页脚”命令,如图3.4所示为“删除页眉”命令。

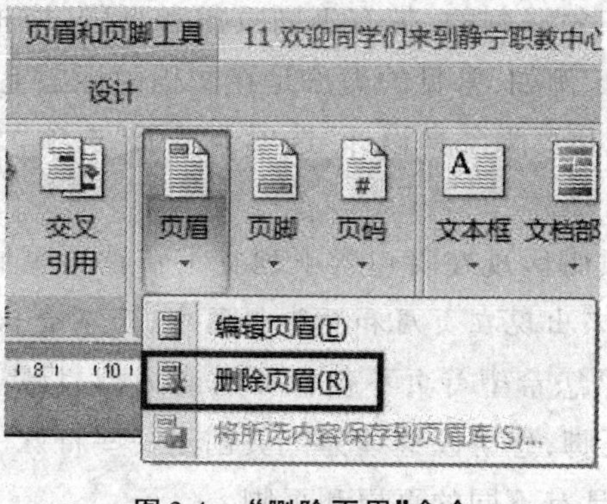

图3.4　“删除页眉”命令

3.编辑页眉和页脚

若要在页眉区或页脚区中删除信息,请选择相应文字并将其删除。在设置好页眉和页脚以后,它们并不是一成不变的:您可以通过打开“页眉和页脚”工具栏来对其进行更改。然后,在页面上的页眉和页脚区中,您可以输入文字并在“开始”功能选项卡的“字体”工具栏对其格式进行设置,就像处理普通文字一样。

您还可以改变页眉区和页脚区的位置。在"页眉和页脚工具设计"选项卡的"位置"工具栏中,可以调整页眉和页脚与页面边缘之间的距离,如图3.5所示。

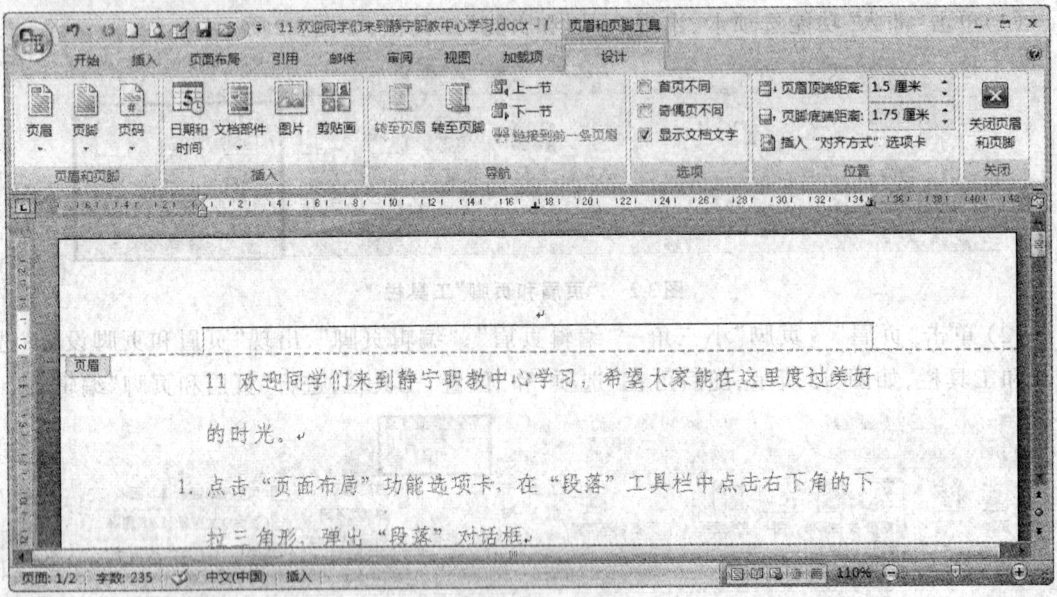

图3.5 编辑页眉

提示:如果您已经创建了页眉或页脚,并且希望更改其中的信息,可以使用快捷方式到达页眉区或页脚区:在文档中,双击页眉区或页脚区,页眉和页脚就将打开。

4.提高:创建精致页眉、页脚

(1)在首页上放置不同的页眉或页脚,或不放置页眉或页脚

您可以通过设计令人印象深刻的、带有不同页眉和页脚(或根本不带页眉和页脚)的标题页,使文档具备专业水准。例如,常见的做法是在文档的标题上不包含页眉页脚。

这完全可以使用"页眉和页脚工具设计"选项卡里的"选项"工具栏,选中"首页不同"复选框。

文档的首页页眉区和页脚区现在将包含下列文字:"首页页眉"和"首页页脚"。(这些文字只是为您提供方便,并且只出现在页眉和页脚视图中,而不会出现在文档中。)现在您只需键入首页页眉或页脚。如果您希望首页不包含页眉或页脚,只需将该区域保留为空白。既然首页具有不同的页眉和页脚,您可以继续为该页创建一些特殊的内容。

(2)使奇数页和偶数页具有不同的页眉和页脚

文档的奇数页和偶数页上的页眉不同。对于一些文档,使奇数页和偶数页具有不同的页眉和页脚非常好,如图3.6所示。例如,您可能已经注意到,许多书在偶数页上显示书名,而在奇数页上显示章节标题。

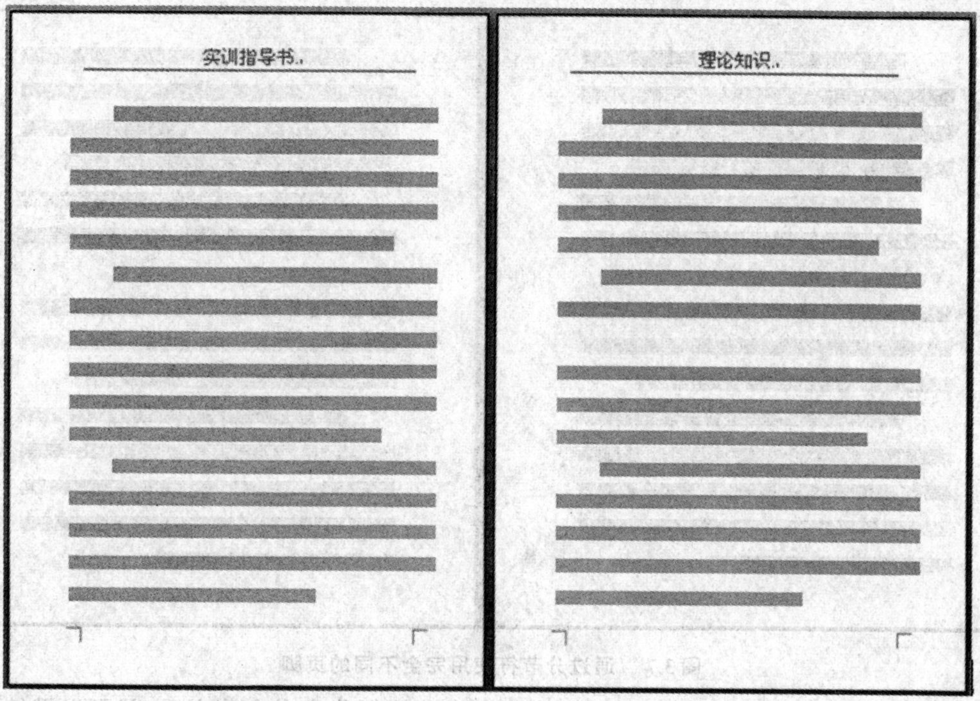

图 3.6　奇数页和偶数页具有不同的页眉

您将再次使用“页眉和页脚工具设计”功能选项卡下的“项目”工具栏的“奇偶页不同”的复选框。

提示：Word 2007 会在页眉区或页脚区上方添加文字，以表明您是位于奇数页还是位于偶数页。该提醒信息仍然只是为您提供方便，它不会出现在文档中，而只出现在页眉和页脚视图中。

但奇数页和偶数页页眉和页脚适用于整个文档，那么如果您具有不同的章节，将会怎样？

长文档常常要求在文档的不同部分使用不同的页眉和页脚。例如，您需要更改一本书中的章节标题；您不希望第 2 章到第 15 章都显示为“第 1 章”。在不同节中使用不同的页眉和页脚不仅漂亮，而且还使读者可以更轻松地浏览文档。

通过分节符可以使用完全不同的页眉和页脚，如图 3.7。

若要设置不同的页眉和页脚，首先要将文档划分为节。节是文档的独特部分，包含一组唯一的格式属性（它们不仅用于页眉和页脚）。

若要创建节，必须在文档的各个部分之间插入分节符。需要使用“页面布局”功能选项卡的“页面设置”工具栏的“分隔符”命令。如果您将文档划分为多个节，并且已经设置了奇数页和偶数页以使其不同，请记住奇数页和偶数页贯穿于整个文档。所以每个节都将设置奇数页和偶数页页眉和页脚。如果您不希望这样，您将需要调整各个不同节中的奇数页和偶数页设置。

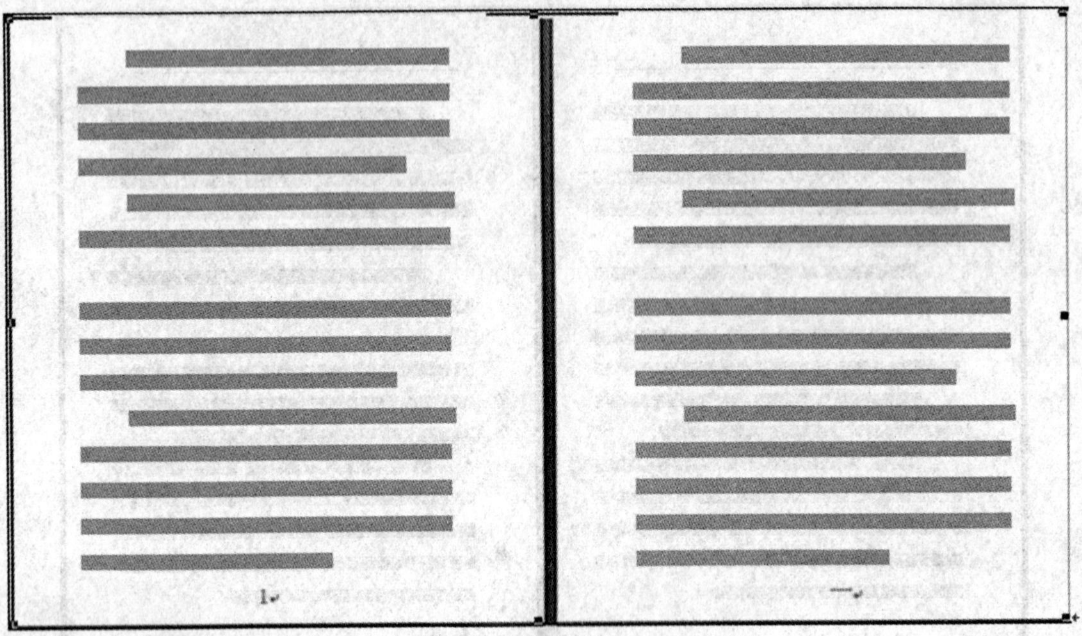

图 3.7 通过分节符使用完全不同的页脚

如图 3.8 所示，为“链接到前一节”按钮。在将文档划分为多个节之后，就可以继续创建不同的页眉或页脚了。这个问题有一点复杂。

尽管您已经将文档分为多个节，但页眉和页脚仍然都相同。您必须将各节中的页眉或页脚之间的联系(或“链接”)断开。

若要做到这一点，请使用“页眉和页脚”工具栏上的“链接到前一节”按钮，如图 3.8 所示。这会将两个邻接节之间的链接从“打开”切换为“关闭”。这个按钮的名称很让人迷惑：您不仅可以单击该按钮使一个节与上一个节相同，还可以单击它使一个节与上一个节“不”同。请记住，该按钮起着“打开”和“关闭”开关的作用，但其名称无论在“打开”还是“关闭”时都不更改。

您之所以能够知道该链接是“打开”还是“关闭”的，是因为页眉或页脚区可以方便地告诉您这一点。如果该链接“打开”，则页眉区或页脚区与上一节相同，并且“与上一节相同”显示在页眉区或页脚区的右上方。

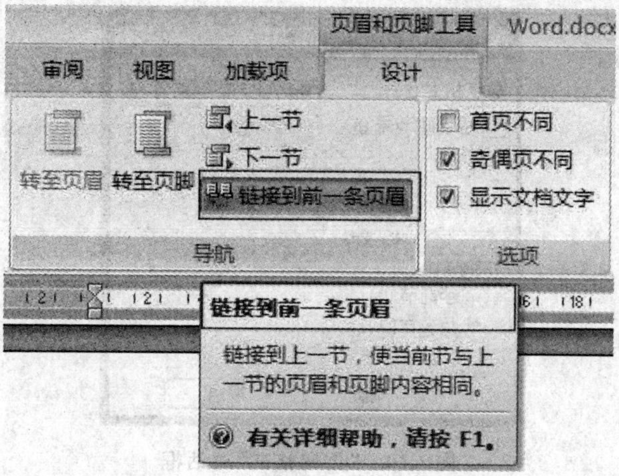

图 3.8 “链接到前一节”按钮

注意:仅在将文档划分为多个节时,“链接到前一节”按钮才可用。

三、插入页码

如何编排页码？使用“页码格式”对话框。要记住的重要一点是:必须分别断开页眉和页脚链接。所以如果您需要相同的页眉和不同的页脚,您应该仅断开页脚区上的链接。您可以使用“上一节”和“下一节”按钮在文档不同节中的页眉和页脚之间迅速移动。

在“页码格式”对话框(可以通过单击“插入”功能选项卡的“页眉和页脚”工具栏的“页码”命令,打开“设置页码格式”按钮,如图 3.9 所示)中,如图 3.10 所示,可以指定是接上一节继续编排页码还是重新从您选择的页码开始编排页码。

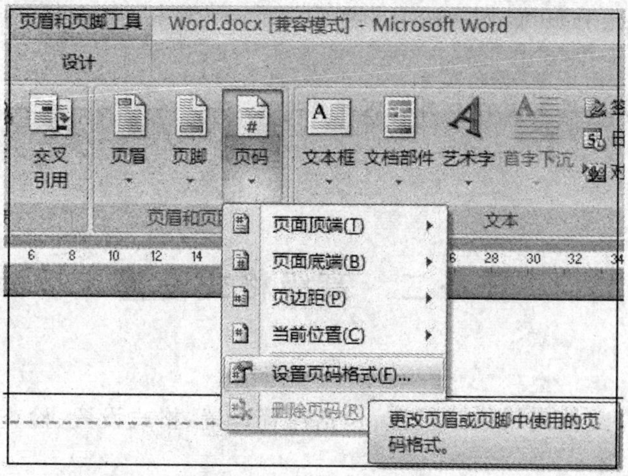

图 3.9 设置页码格式步骤

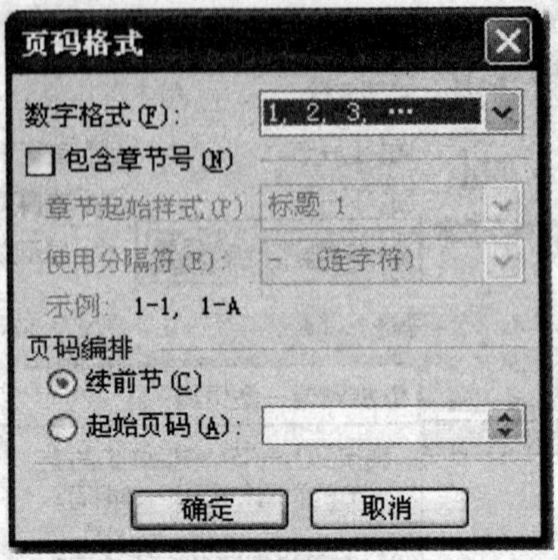

图3.10　“页码格式”对话框

请确保对于文档中的每个节都选择正确的页码编排选项。尽管您可能希望索引中的页与正文中的页分别编排页码,但与此相反,您可能希望一本书各章之间的页码能够连续。

四、插入分页符

Word 2007具有自动分页功能,也就是说,当键入的文本或插入的图形满一页时,Word 2007会自动分页。有时候为了将文档的某一部分内容单独形成一页,那么可以插入分页符人工分页。

插入分页符的两种方法:

方法一:“插入”—“分页”;

方法二:Ctrl+回车。

删除分页符:选定分页符,然后按Del键。

思考题

奇数页和偶数页使用不同的页眉如何操作?

填写实训报告

见附录。

任务二　高级格式设置

任务目标

掌握Word 2007文档高级格式设置,包括注释设置、格式设置、检查、校对、保护及文档打印设置。

任务实施

一、注释设置

在编写文章的时候,常常需要对一些名词或事件加注释。

1.插入脚注、尾注和批注(都是解释,其区别是:脚注放在每一页面的底端,尾注放在文档的结尾):“引用”功能选项卡—“脚注”工具栏;删除脚注和尾注:选定要删除脚注或尾注号,按 Del 键。

2.插入日期和时间、对象:“插入”功能选项卡—“文本”工具栏“日期和时间”或“对象”。

二、格式设置

1.分栏效果

在报纸、杂志中,经常可以看到分栏排版,分栏使得版面显得更为生动、活泼,增强可读性,Word 2007 提供了分栏功能。分栏:“页面布局”—“页面设置”工具栏中的“分栏”按钮 。可以设置各栏宽度和是否加分隔线。注意:只有在页面视图和打印预览下,才能显示分栏效果。

2.首字下沉

目前,在有些文章中用每段的首字下沉来替代每段的首行缩进,使文章醒目。用“插入”功能选项卡中“文本”工具栏的“首字下沉” 按钮的小三角的下拉菜单来设置和取消首字下沉,如图 3.11 所示。步骤:

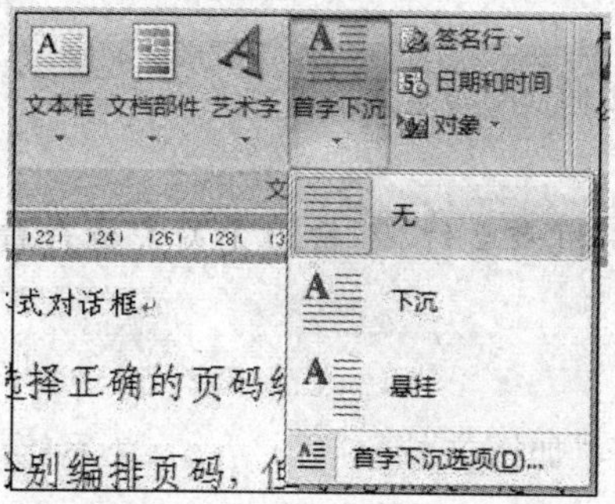

图 3.11　“首字下沉”下拉菜单

(1)插入点放到段落中的任意位置;

(2)“插入”—“文本”工具栏中的“首字下沉”按钮,设置下沉位置:下沉或悬挂,并在“首字下沉选项”对话框中设置行数、距正文的距离及字体,如图 3.12 所示。

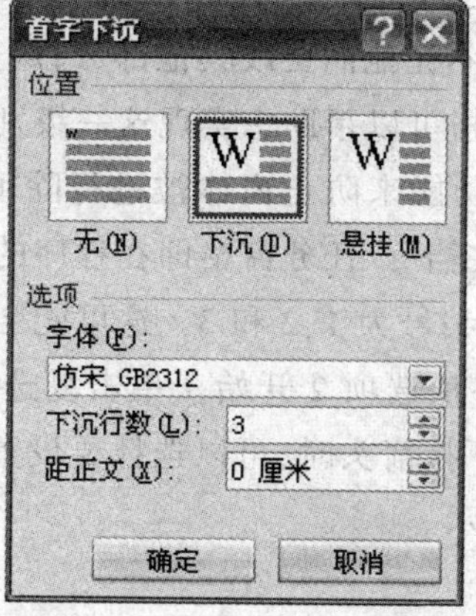

图 3.12　“首字下沉”对话框

3.中文版式

(1)“开始”—“字体”工具栏:拼音指南、带圈字符按钮。

(2)“开始”—“段落”—“中文版式”按钮 :纵横混排、合并字符、双行合一。

纵横混排:选中的文本改变方向竖起来;

合并字符:将原来一行的文本分成两行;

双行合一:将两行所占的位置变成一行所占的位置大小,两行仍然是两行。

(3)“审阅”—“中文繁体转换”工具栏:繁转简、简转繁、简繁转换。

4.文字方向

“页面布局”—“文字方向”:水平,垂直,旋转。

三、检查、校对及保护

在“审阅”功能选项区下可以进行:

1.字数统计

选定要统计的字符,即可统计出选定字符的个数。包括行、段、页数等。

2.拼写和语法

检查文档中的错误语法和单词。

3.文档的保护

如果所编辑的文档是一份机密文件,不希望无关人员查看此文档,则可以给文档进行以下处理:

(1)设置密码

“Office按钮”—“准备”—“加密文档”。

(2)限制文档的格式设置和编辑

① 限制修订、批注和窗体

您可以根据自身需要选择文档的编辑限制类型。

使用“保护文档”任务窗格,可以保护文档免受意外或未经授权的更改,包括修订(显示文档中被修订的地方的可视标记)和批注。此外,当您请求他人审阅文档时,您可能需要允许他们批注或编辑某些部分,而不让他们更改其他部分,例如您按照自己的意愿仔细设置了格式的表格。“保护文档”任务窗格可以帮助您实现这一级别的文档控制。

您还可以使用“保护文档”功能来防止窗体被进行除填充域以外的任何其他更改。在“审阅”功能选项区,单击“保护文档”。任务窗格即在程序的右侧打开,如图3.13所示。

在任务窗格中,选项被分别编号为1、2和3。这可能会令人迷惑,因为您无须按该顺序完成它们。实际上,我们下面将从选项2开始。单击复选框“仅允许在文档中进行此类编辑”时,将显示更多选项。单击下拉箭头时,可以选择要设置的编辑限制的类型,具体由您保护文档的方式决定,如图3.14所示。

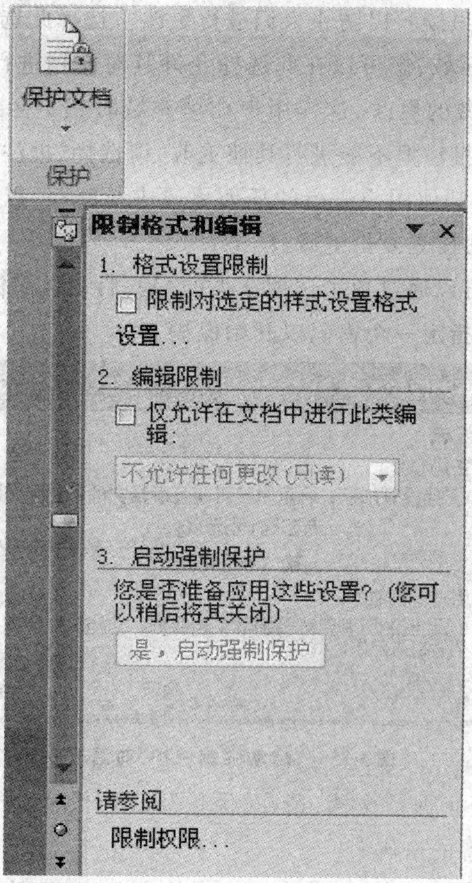

图 3.13　“保护文档”任务窗格

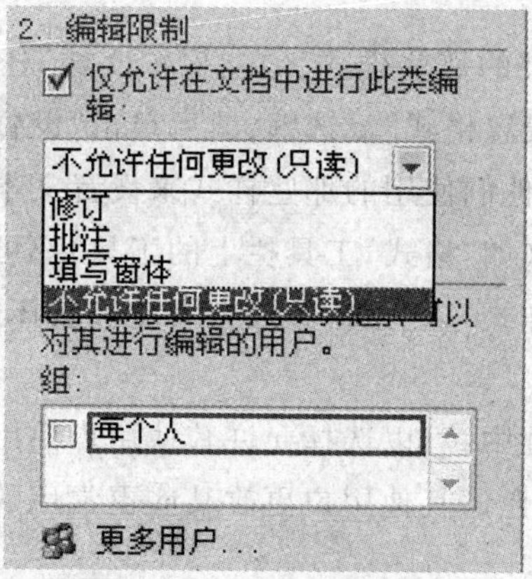

图 3.14　“编辑限制”选项

选择“未作任何更改(只读)”以防止人们进行更改。选择此选项以使文档成为只读文档时,将显示一个“例外项”区域,您可以在此选择允许其对文档进行处理的用户。使用“填写窗体”可以限制对窗体所做的更改,这样用户在填充域时就不会意外地对窗体本身进行更改。如果您想让用户留下批注但不能进行其他更改,请选择“批注”。

单击“修订”以确保对其他用户进行的任何更改进行跟踪,以便您能够进行审阅。其他用户无法关闭修订,也无法接受或拒绝修订。

选择了编辑限制后,可以通过单击选项 3 下的“是,启动强制保护”来强制文档保护。在对话框中,如图 3.15 所示,指定一个密码以开始保护。

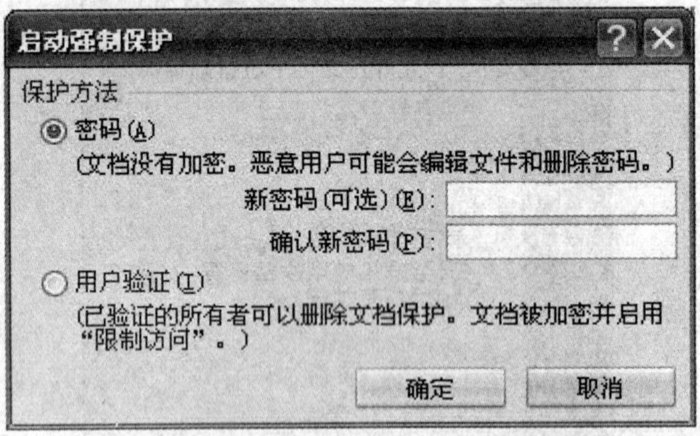

图 3.15 “启动强制保护”对话框

任何时候如果您要停止保护文档,请在“保护”菜单上,单击“限制格式和编辑”,将其前面的对号去掉,然后输入您的密码。

注意:为您方便起见,您可以通过单击任务窗格底部的“限制权限”(在“请参阅”下)指定能够访问您的文档的人员,此操作将打开“限制权限”对话框。

② 限制文档中的格式设置

将格式设置限制到您批准的那些样式。在“保护文档”任务窗格中,在“格式设置限制”下,选中“限制对选定的样式设置格式”复选框,然后单击“设置”。当您限制文档的格式设置时,其他用户仅能使用您批准他们使用的那些样式来设置文本的格式。实际上,当这种限制生效时,大多数格式设置工具(如“格式”工具栏上的工具)都可用,并且“样式和格式”任务窗格中将仅显示您已经批准的样式。这意味着没有人能够破坏您设置的编号列表或带项目符号的列表。

在“格式设置限制”对话框中,可以选择允许其他用户使用的样式。通常,“推荐的样式”选项是最佳选择,这是因为它允许其他用户更改某些更常用的样式,但是限制对更复杂样式的更改。

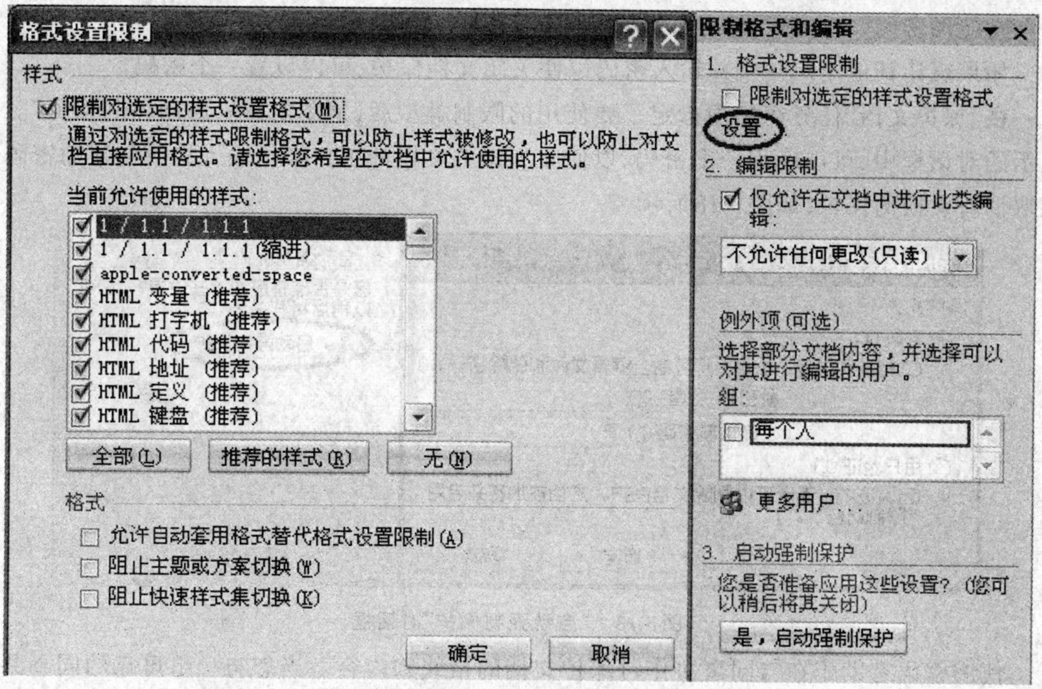

图 3.16　限制对选定的样式设置格式

注意：当您应用格式设置限制时，对于所有可以对您的文档进行更改的用户，这些限制都有效。

③限制文档的某些特定部分

● 选择允许的编辑限制类型，如“批注”。

● 指定允许其处理文档的组或个人，个人可在“添加用户”对话框中进行添加。

● 文档的区域将根据被允许对其进行编辑的用户进行颜色标记。

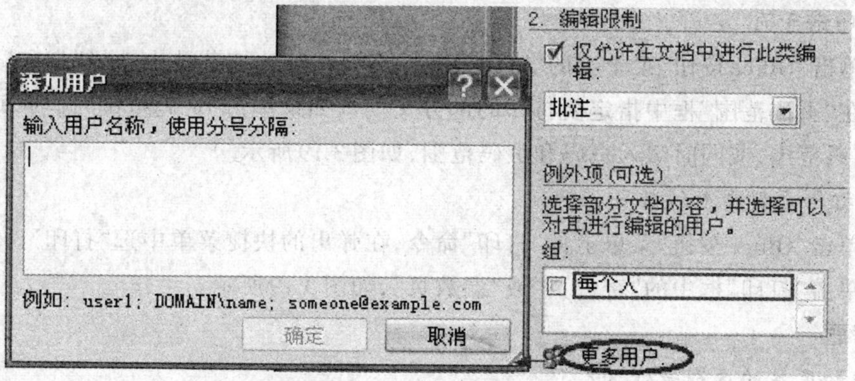

图 3.17　“编辑限制”以及“添加用户”对话框

④应用密码

如果想让其他用户知晓并输入密码以便关闭文档保护，可以设置一个密码。

在“保护文档”任务窗格中指定了要使用的限制类型后，请单击“是，启动强制保护”。在显示的对话框中，可以应用一个密码，以使收到您的文档的用户必须输入您所创建的密码才能取消对文档的保护，如图3.18所示。

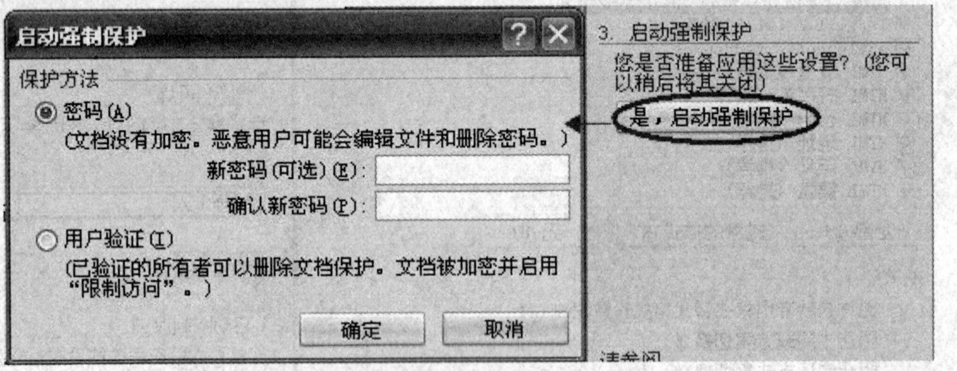

图3.18　“启动强制保护”对话框

使用密码有助于在与同事协作时保护文档的格式和内容。当您与一组可靠的同事共同处理文档时，使用“保护文档”功能是理想的选择。但是，该密码不是加密的，不能保护文档免受恶意干扰的损害。

四、文档的打印

当文档编辑、排版完成之后，就可以打印输出了，但是，为了节省纸张，Word 2007提供了打印预览功能，使我们在打印前可以先查看一下排版是否理想。如果满意，则打印，否则可继续修改排版。“打印预览”功能选项卡下面有“打印”“页面设置”“显示比例”“预览”四个工具栏。工具栏中的“显示比例”是最常用的。

1.打印若干页

(1)单击“Office按钮”菜单上的“打印”命令，在弹出的快捷菜单中选择“打印”。

(2)在“页码范围”框中指定要打印的部分文档。(如果单击“页码范围”选项，则应该键入页码或页码范围，或同时键入页码和页码范围，如图3.19所示。)

2.只打印奇数页或偶数页

(1)单击“Office按钮”菜单上的“打印”命令，在弹出的快捷菜单中选“打印”。

(2)单击“打印”框中的“奇数页”或“偶数页”，如图3.19所示。

思考题

脚注和尾注的区别是什么?

填写实训报告

见附录。

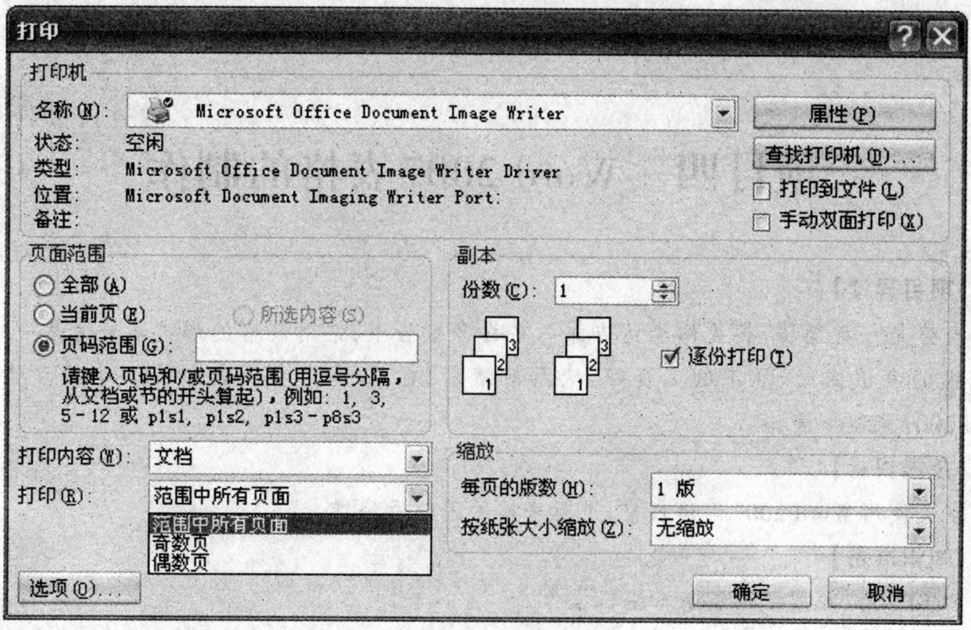
打印
打印机
名称(N): Microsoft Office Document Image Writer
状态: 空闲
类型: Microsoft Office Document Image Writer Driver
位置: Microsoft Document Imaging Writer Port:
备注:
属性(P)
查找打印机(D)...
打印到文件(L)
手动双面打印(X)
页面范围
全部(A)
当前页(E)
所选内容(S)
页码范围(G):
请键入页码和/或页码范围(用逗号分隔，从文档或节的开头算起)，例如：1，3，5-12 或 p1s1，p1s2，p1s3-p8s3
副本
份数(C): 1
逐份打印(T)
打印内容(W): 文档
打印(R): 范围中所有页面
范围中所有页面
奇数页
偶数页
缩放
每页的版数(H): 1 版
按纸张大小缩放(Z): 无缩放
选项(O)...
确定
取消

图 3.19　“打印”对话框

项目四　Word 2007表格的制作

【项目导读】

表格是一种简明、扼要的表达方式。在许多报告中，常用表格的形式来表达某一事物，如班级的考试成绩、职工的工资等，它具有清晰、直观、信息量大的特点。本项目将使用Word 2007来制作表格。

【技能目标】

学会使用Word 2007创建表格，进行表格的编辑及修饰。

【知识准备】

Word 2007基础知识及基本编辑操作。

任务一　创建表格

任务目标

掌握绘制表格及输入表格内容。

任务实施

一、绘制表格及在表格中输入内容

在我们创建表格或编辑表格的时候，需要使“表格工具设置选项卡”出现在功能选项卡之列。点击“插入”选项卡，点击“表格”，在弹出的快捷菜单中进行表格的插入，如图4.1所示。

1.绘制表格的三种方法

(1)在“表格”下面的“插入表格”下拉菜单中，可以用鼠标拖动方格选择行数和列数，如图4.1所示；

(2)在“表格”下面的“插入表格”下拉菜单中点击“插入表格”命令，在弹出的对话框中进行设置插入，如图4.2所示；

(3)在“表格”下面的“插入表格”下拉菜单中点击“绘制表格”命令进行绘制，如图4.1所示；或者在“表格工具”选项卡的“设计”选项卡的“绘图边框”工具栏中点击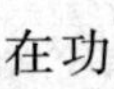按钮进行绘制。

图 4.1　“插入表格”下拉菜单

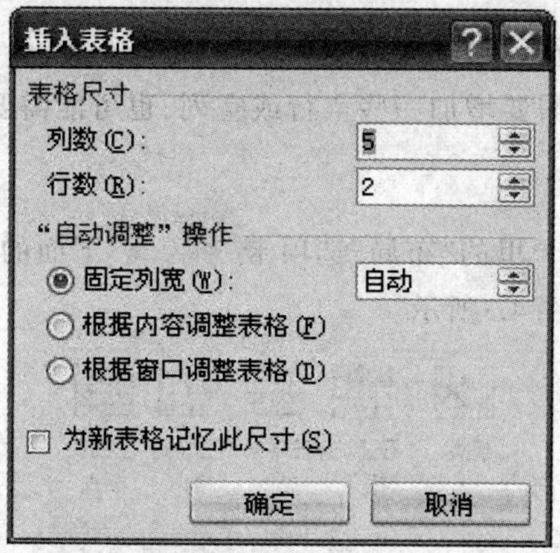

图 4.2　“插入表格”对话框

2.当表格创建完毕后,在表格中输入文本

(1)用鼠标单击;

(2)用方向键;

(3)用Tab键。

二、选定表格内容

表格创建后,通常要对它进行修改。例如,修改表格的行高和列宽,插入和删除行、列等。为了对表格进行修改,首先应选定被修改的表格部分。

选定表格的方法:选定一个单元格(单击单元格的左边框);选定多个单元格(拖动鼠标);选定一列(列的上方,单击);选定一行(行的左侧,单击);选定整个表格("表格工具"—"布局"—"表"—"选择"—"选择表格")。

思考题

如何在Word 2007中绘制表格?有哪几种绘制方法?

填写实训报告

见附录。

任务二　表格编辑

任务目标

1.掌握表格的编辑方法:行与列的插入和删除;行高与列宽的调整;单元格的合并和拆分;表格的边框和底纹设置;表头的制作。

2.能够利用表格的编辑方法独立完成一个简单表格,如课程表。

任务实施

一、插入行(列)与删除行(列)

在已有的表格中,有时需要增加一些空行或空列,也可能需要删除某行或某列。

1.插入行

(1)在"表格工具"选项卡里的"布局"选项卡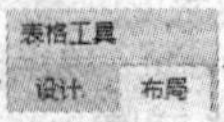

下面的"行和列"工具栏中,利用按钮命令进行插入行和列,如图4.3所示。

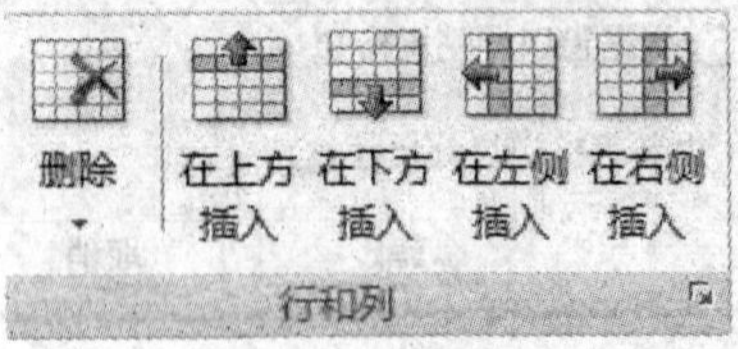

图4.3　"行和列"工具栏

(2)选中行,单击右键,从快捷菜单中选择"插入",在弹出的快捷菜单中选择命令插入需要插入的行。

注意:如果插入多行,可以先选中多行。列的插入和行的插入相似。

2.删除行或列

首先选中要删除的行或列:

(1)在“表格工具”选项卡里的“布局”选项卡中,如图4.3所示,利用“行和列”选项卡里的“删除”按钮;

(2)点击菜单中的“删除单元格”,弹出对话框,选择删除,如图4.4所示。

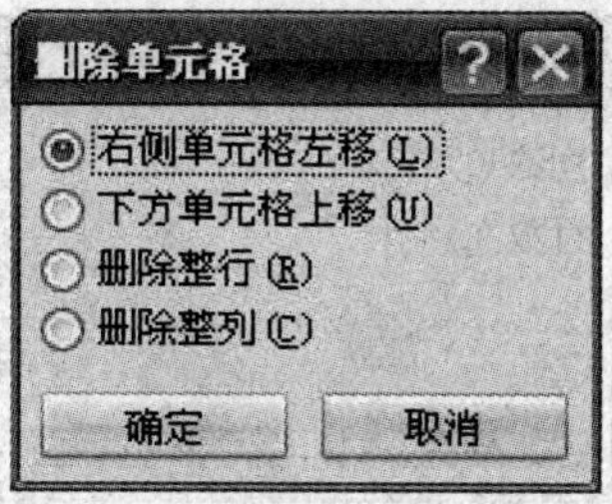

图4.4 “删除单元格”对话框

二、修改列宽与行高

1.将鼠标移动到边框线上,当指针变成双垂直细线时,拖动鼠标指针。

2.设置精确行高

(1)将插入点移到要改变行高的行中;

(2)在“表格工具”下“布局”选项卡的“单元格大小”工具栏 高度: 1 厘米 中进行设置。

附加:平均分布各行、各列

选中要操作的行或列,单击工具栏上的“平均分布”按钮 分布行(或右键点击菜单中“平均分布各行”或“平均分布各列”)。

注:列宽的设置和行高的设置相似,参考行高设置。

三、合并单元格与拆分单元格

在简单表格的基础上,通过对单元格的合并和拆分可以构成比较复杂的表格。

1.合并单元格

将几个相邻的单元格变为一个大的单元格

(1)选中要合并的单元格;

(2)选择“表格工具”中“布局”选项卡下“合并”工具栏的“合并单元格”命令按钮,如图4.5所示;或者单击右键,在弹出的快捷菜单中选择“合并单元格”命令。

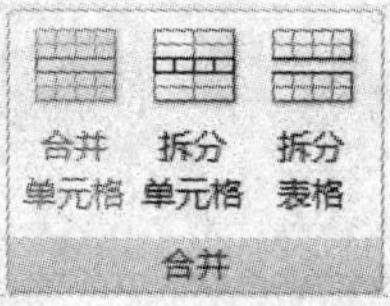

图4.5 “合并”工具栏

2.拆分单元格

将一个单元格拆分为若干个小单元格

(1)选中要拆分的单元格;

(2)选择"表格工具"中"布局"选项卡下"合并"工具栏的"拆分单元格"命令按钮,如图4.5所示;或者单击右键,在弹出的快捷菜单中选择"拆分单元格"命令。

(3)在出现的"拆分单元格"对话框中,输入要拆分的行和列数,如图4.6所示。

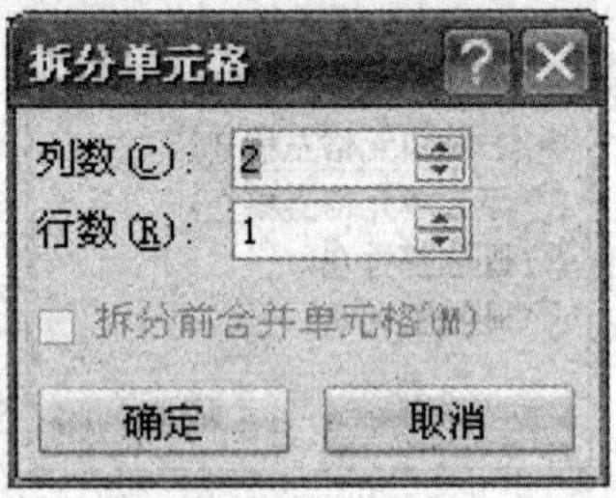

图4.6 "拆分单元格"对话框

3.表格的拆分

如果要拆分一个表格,那么,先将插入点置于要拆分的那一行的任意单元格中,然后单击"合并"工具栏中的"拆分表格"按钮,这样就在插入点所在行的上方插入一空白段,把表格分开。

四、改变单元格中的对齐方式

表格中的文字同样可以用文档文本排版的方法进行设置:设置字体、字号、字形、颜色等。文字在单元格中,存在9种对齐方式。文字的对齐方式有水平对齐与垂直对齐两种,分别为:靠上两端对齐、靠上居中对齐、靠上右对齐、中部两端对齐、水平居中、中部右对齐、靠下两端对齐、靠下居中对齐、靠下右对齐,如图4.7所示。也可以在"表格工具"下"布局"选项卡的"表"工具栏中的"属性"按钮弹出的对话框中进行设置,如图4.8所示。对齐还可利用"格式"工具栏上的"对齐"按钮。

图4.7 "对齐方式"工具栏

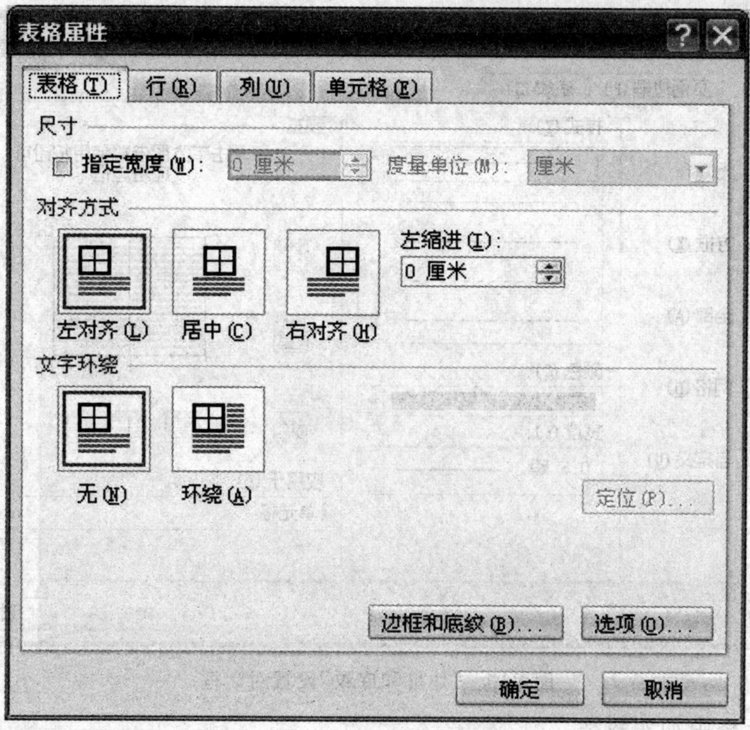

图4.8　“表格属性”对话框

五、改变表格边框和底纹

为了使表格美观漂亮，可以为表格添加边框和底纹：点击“表格工具”下“设计”选项卡中“表样式”工具栏右侧的“底纹”或“边框”的按钮，在下拉菜单中进行设置，如图4.9所示；还可以点击“绘图边框”工具栏右下角的对话框启动器，打开边框、底纹设置的对话框进行设置，如图4.10所示。在对话框中设置给表格添加边框，其中四边可以不同。

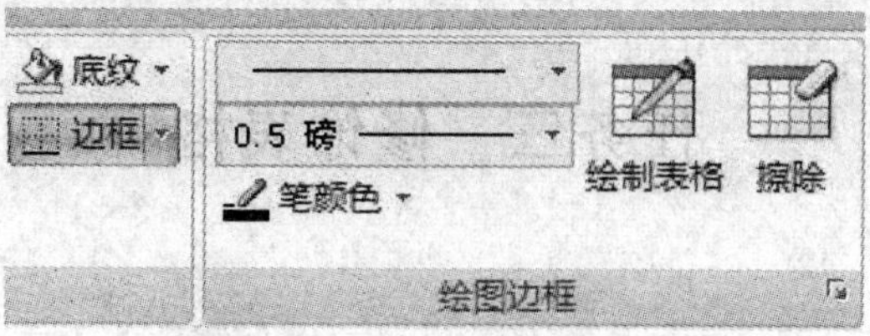

图4.9　“边框、底纹”设置工具栏

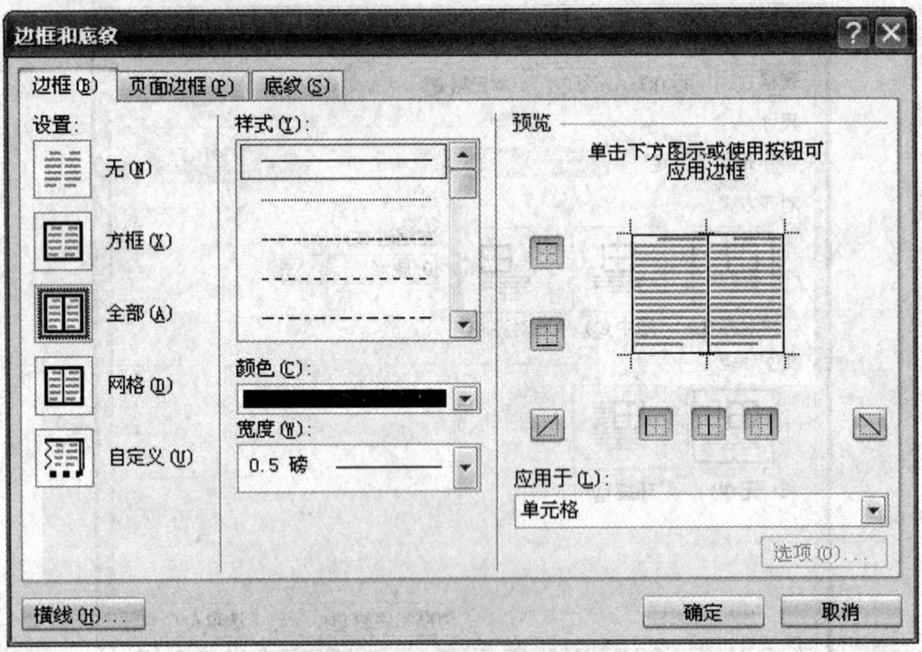

图4.10 “边框和底纹”设置对话框

六、在单元格中加入斜线

1.用铅笔工具画斜线;

2.用“表格工具”下“布局”中“表”工具栏里的“绘制表头”按钮。

思考题

制作自己心目中的课程表。

填写实训报告

见附录。

任务三 修饰表格

任务目标

1.会自动格式化表格,进行表间计算,表格和文本之间的转换。

2.会根据提示制作发票表格。

任务实施

一、自动格式化表格

当表格建立完毕后,可以利用“表格工具”下“设计”选项卡的“表样式”工具栏对表格进行排版。这个命令预设了许多表格的格式、字体、边框、底纹、颜色供用户选择,使得对表格进行排版变得轻松、容易。

二、表间计算

Word 2007中表格有比较简单的计算功能。自动求和功能：Word 2003的“自动求和”功能只需移动插入点到指定位置，点击“表格和边框”工具栏上的“自动求和”按钮。Word 2007不同，需要自己添加求和按钮，步骤如下：

1.单击“Office按钮”，再单击“Word选项”，如图4.11所示；

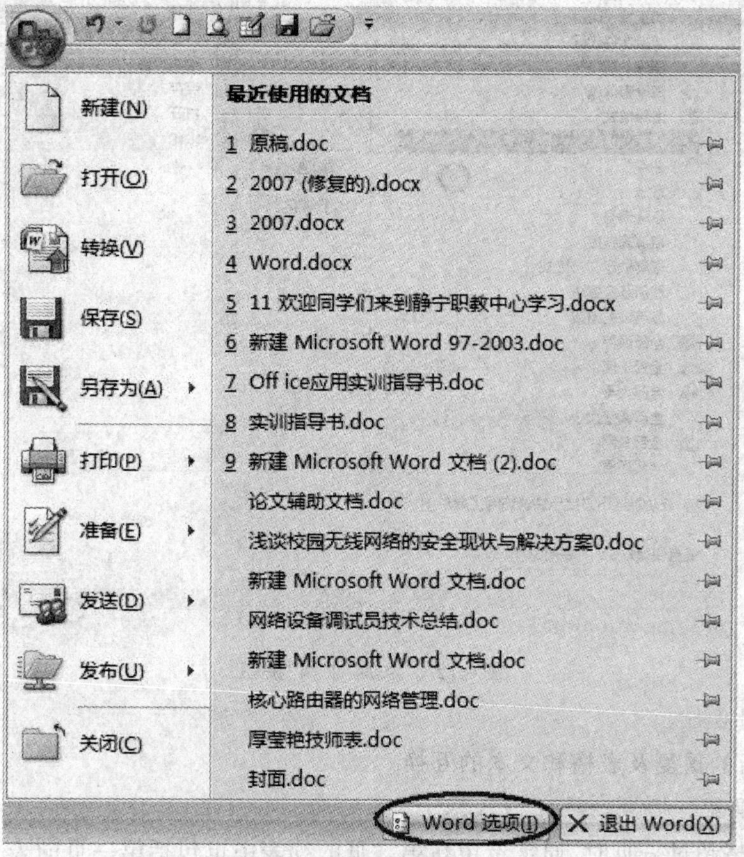

图4.11

2.单击左侧的“自定义”，在“从下列位置选择命令”框中，单击“不在功能区中的命令”，在下面的命令列表中，找到并单击“求和”，单击“添加”按钮，单击“确定”按钮，如图4.12所示。至此，“求和”按钮就出现在快速访问工具栏中了。可以右键单击该按钮，然后从弹出的快捷菜单中单击“从快速访问工具栏删除”将其删除。

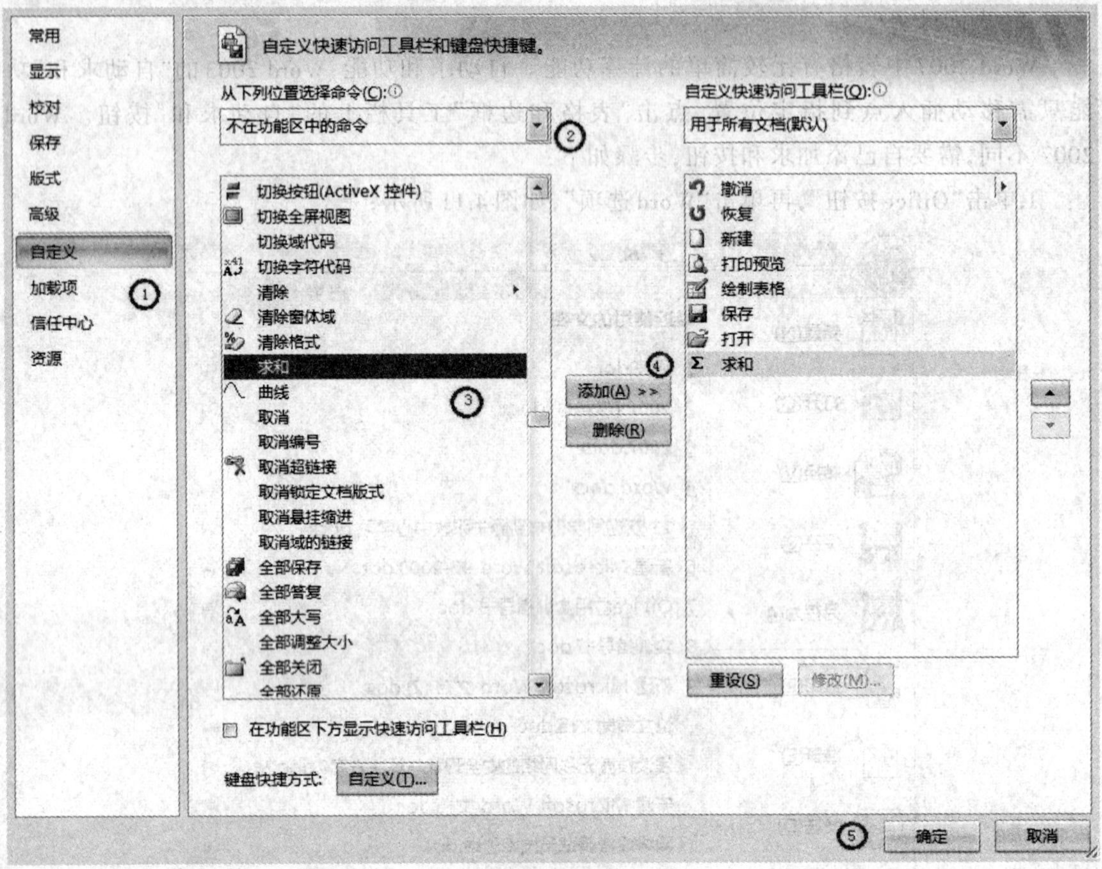

图4.12　添加"求和"按钮

注意:先列后行。

三、标题行的重复及表格和文本的互换

1.标题行重复

当一张表格超过一页时,通常希望在第二页的续表中也包括第一页的表头(即表格的标题行)。Word 2007提供了重复标题的功能。有两种设置方法:

(1)第1步,打开Word 2007文档窗口,在Word 2007表格中选中标题行(必须是表格的第一行)。在"表格工具"功能区切换到"布局"选项卡,然后在"表"分组中单击"属性"按钮,如图4.13所示。第2步,在打开的"表格属性"对话框中,切换到"行"选项卡。选中"在各页顶端以标题行形式重复出现"复选框,并单击"确定"按钮即可,如图4.14所示。

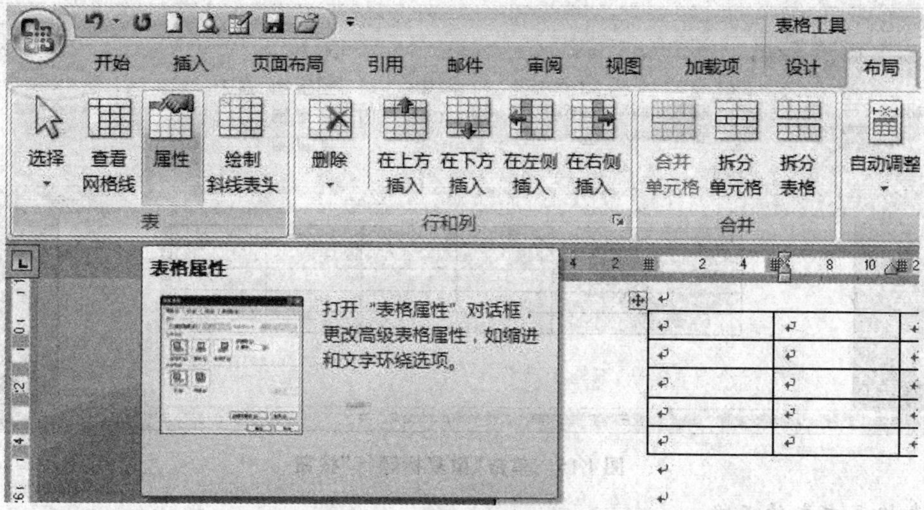

图4.13 表格工具"布局"选项卡"表格属性"按钮

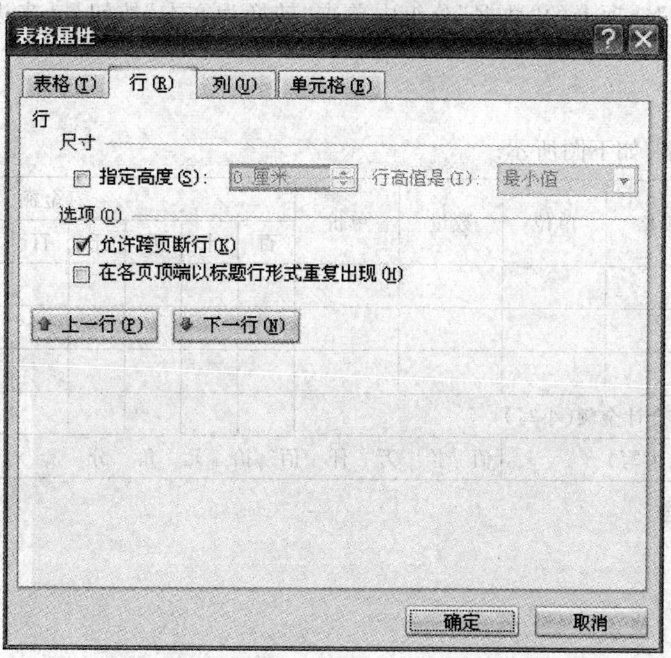

图4.14 "在各页顶端以标题行形式重复出现"复选框

(2)也可以在"布局"选项卡的"数据"分组中单击"重复标题行"按钮来设置跨页表格标题行重复显示，如图4.15所示。

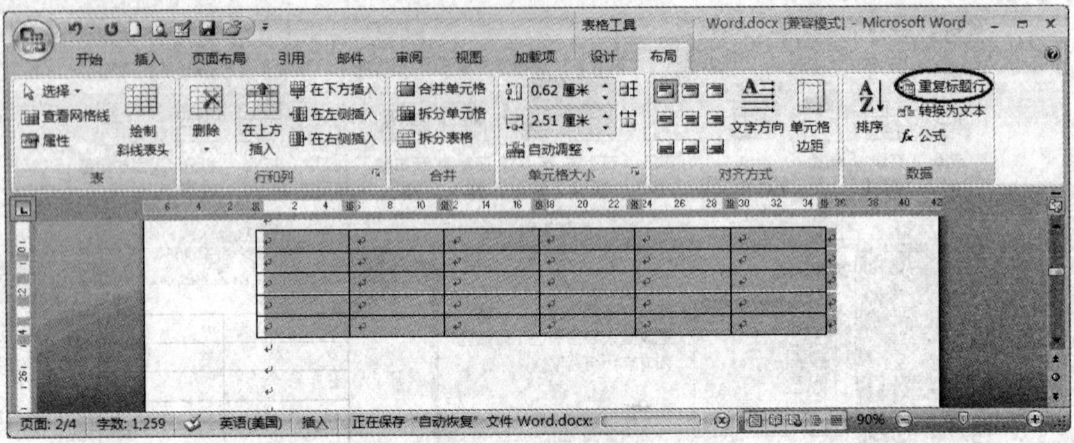

图4.15 单击“重复标题行”按钮

2.表格和文本的互换

可以在“布局”选项卡的“数据”分组中单击“转换为文本”按钮来进行表格和文本的转换。

思考作业题

制作发票表格，如下图所示：

<table>
<tr><td rowspan="2">商品名称</td><td rowspan="2">规格</td><td rowspan="2">单位</td><td rowspan="2">数量</td><td rowspan="2">单价</td><td colspan="9">金额</td></tr>
<tr><td>百</td><td>十</td><td>万</td><td>千</td><td>百</td><td>十</td><td>元</td><td>角</td><td>分</td></tr>
<tr><td></td><td></td><td></td><td></td><td></td><td></td><td></td><td></td><td></td><td></td><td></td><td></td><td></td><td></td></tr>
<tr><td></td><td></td><td></td><td></td><td></td><td></td><td></td><td></td><td></td><td></td><td></td><td></td><td></td><td></td></tr>
<tr><td></td><td></td><td></td><td></td><td></td><td></td><td></td><td></td><td></td><td></td><td></td><td></td><td></td><td></td></tr>
<tr><td colspan="5">合计金额(小写)</td><td></td><td></td><td></td><td></td><td></td><td></td><td></td><td></td><td></td></tr>
<tr><td colspan="3">总计金额(大写)</td><td colspan="11">佰 拾 万 仟 佰 拾 元 角 分</td></tr>
</table>

填写实训报告

见附录。

项目五　图文混排

【项目导读】

图文混排是 Word 2007 的特色功能之一,利用这个功能,可以使一篇文章达到图文并茂的境界。本项目主要介绍:插入艺术字,插入图片,使用文本框和绘制图形功能。

【技能目标】

艺术字的编辑,插入图片,使用文本框及绘制图形。

【知识准备】

熟悉 Word 2007 功能选项卡下功能区中工具栏的常规操作。

任务一　插入艺术字

任务目标

学会创建和编辑艺术字。

任务实施

一、创建艺术字

单击"插入"功能选项卡—"文本"—"艺术字",步骤如下:

1.选择一种艺术字样式;

2.录入艺术字,编辑字体、字形、字号。

二、编辑艺术字

在录入艺术字后,会出现"艺术字工具格式"选项卡。包括"文字"、"艺术字样式"、"阴影效果""三维效果""排列""大小"几个功能区,在这些功能区的工具栏中可以设置艺术字效果,编辑和修饰艺术字。包括艺术字的环绕方式、艺术字的边框和填充、艺术字形状、艺术字旋转、艺术字竖排、艺术字的对齐方式、阴影效果、维效果等,如图 5.1 所示。

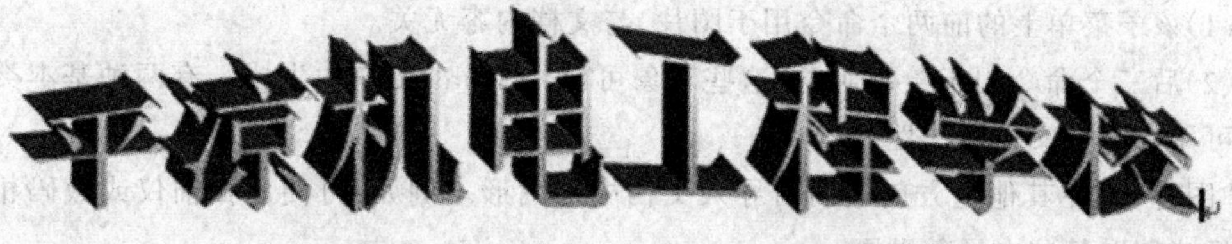

图 5.1

思考题

使用艺术字给自己的家乡设计一句旅游标语。

填写实训报告

见附录。

任务二　插入图片

任务目标

学会给文档中插入图片;制作带图片的文档。

任务实施

一、插入剪贴画或图片

1.步骤

"插入"选项卡—"插图"工具栏—"图片"或"剪贴画"按钮。

2.图片格式的设置

点击插入的图片,使用图片工具"格式"选项卡下面不同功能区工具栏的按钮进行设置;还可以单击右键,在弹出的快捷菜单中选择"设置图片格式"命令。图片效果:亮度,对比度,水印,黑白,灰度效果。图片的裁剪,图片添加边框和底纹。

二、添加图形并将它们放在需要的位置

1.图形基础:图片和图形对象

选择图形的第一步操作很简单:在"插入"功能选项卡中,单击"插图"工具栏的"图片"按钮。但后面的操作开始变得有些复杂。"剪贴画"和"绘制新图形"之间的区别是什么?本部分将揭开它们的神秘面纱。首先讲述 Word 2007 可以提供的两个主要图像种类:图片和图形对象,然后详细介绍每种类型的特定内容。

2.关于图片和图形

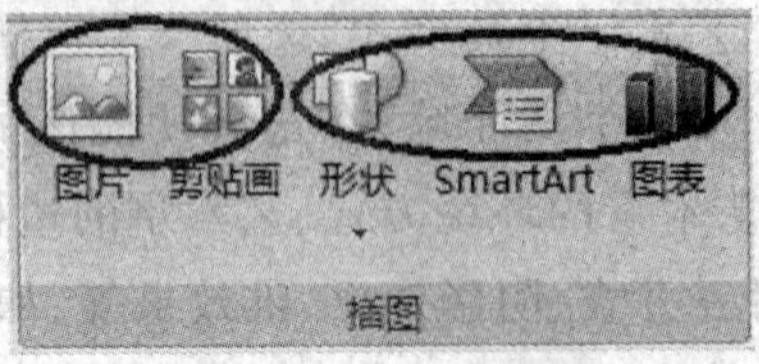

图 5.2　"插图"工具栏

(1)该子菜单上的前两个命令用于图片,与文档内容无关。

(2)后三个命令用于绘制对象,这些对象可以在 Word 2007 中生成。有两种基本类型的图形可用来增强文档可读性。

"图片"是在其他地方创建而后导入文档中的图形。例如,可使用扫描仪或数码相机创建图像或获取某些电子剪贴画。

“图形对象”(在本书中有时简称为图形)是您在 Word 2007 中创建的图形,与其相对的是在其他地方创建而后导入文档中的图形。前者的示例有:自选图形、使用“绘制新图形”命令从头创建的图形、图示、曲线、直线和其他形状。

注意:选择插入的图形类型只受您的目的和喜好限制。

①某些类型的图形(如剪贴画)有二维或绘制效果,在作为徽标、边框或强调使用时很有吸引力。

②在某些情况下,摄影图像可能更受欢迎。

③在商业或学术文档中,图示和组织结构图可以详述关键信息。

④艺术字可创建具有高度表现力的文字。在进入“图片”子菜单后,您插入和操纵不同类型图形的方法可能有所不同,这取决于它是图形或是图片以及其他图形特定属性。

3.带图片的文档

如图 5.3 所示:

图 5.3　带图片的文档

(1)用 Microsoft Paint 创建的图片。

包括“形状”按钮,如图5.4所示;“SmartArt”按钮,里面包含图示和组织结构图等,如图5.5所示;“图表”按钮,如图5.6所示。它们包括自选图形、图示、组织结构图。仍在同一个文档中工作,并决定添加图示、组织结构图或甚至只是简单图形。可根据自己的需要选择添加、绘制。

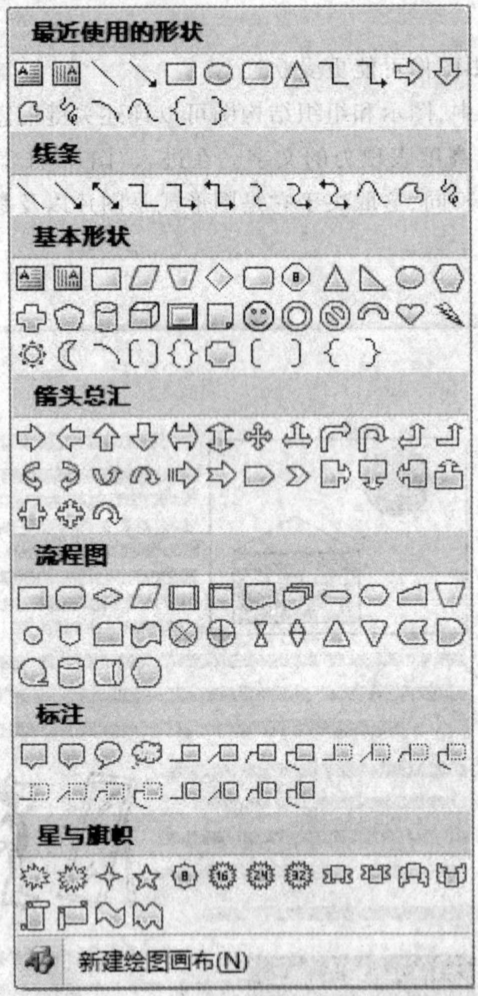

图5.4　“形状”按钮下拉菜单命令列表

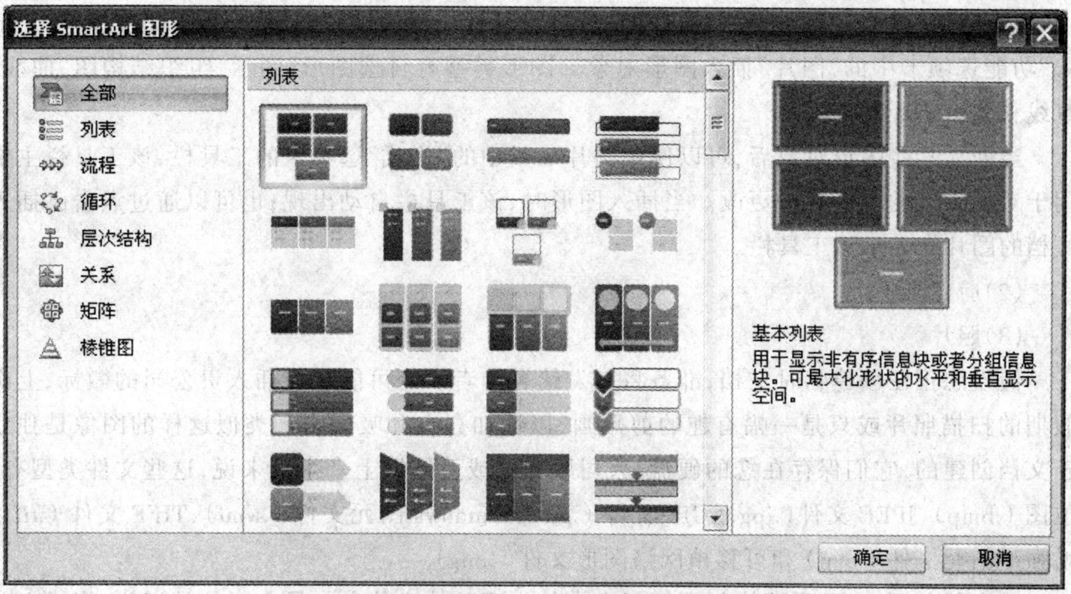

图 5.5　"SmartArt"对话框

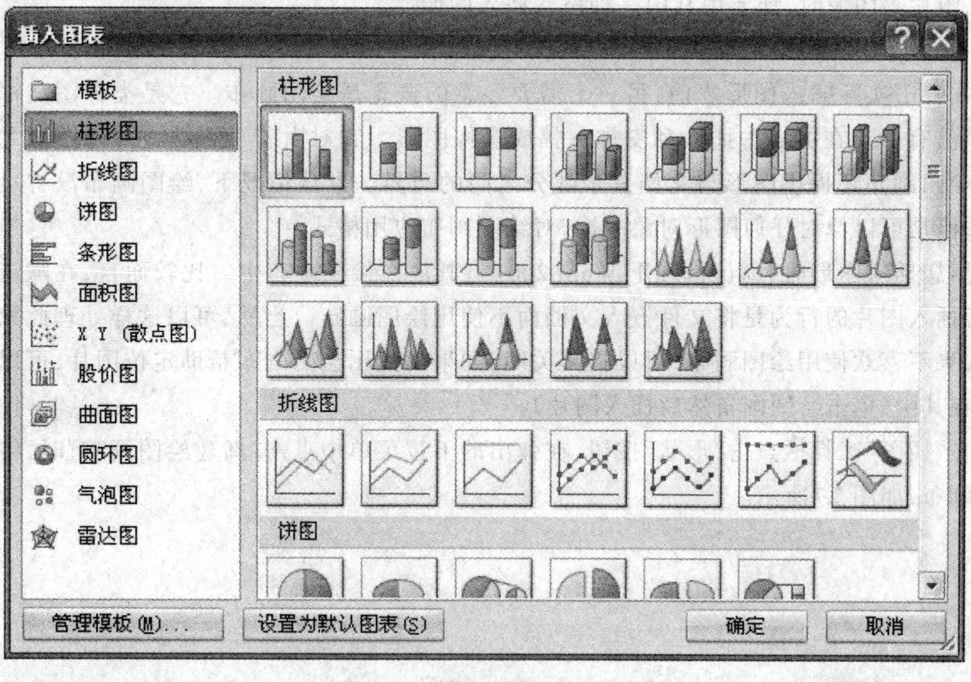

图 5.6　"插入图表"对话框

在 Word 2007 中，可以在文档中创建所有这些类型的图形。这些类型的图形称作图形对象或简称图形，它们与图片有以下两点关键不同：

①图形对象不独立于文档存在；它们不是带单独文件扩展名的单独文件。而且，它们是当您在文档中工作时创建的，当保存文档时，图形对象会融入文档的文件格式中。

②图形对象与照片图像外观不同;它们通常有平坦的二维外观。也可以通过单击"插入"功能选项卡中的"图片"插入图形对象。图形类型有自选图形、图示、组织结构图、曲线、直线和艺术字等。

当插入某些图形对象后,可以使用图片工具中的"格式"选项卡的工具栏,该工具栏主要用于对插入后的图形进行更改。当插入图形时,该工具栏自动出现;也可以通过点击已插入文档的图片来显示该工具栏。

(2)剪贴画。

(3)照片。

假设您正在创建临时文档,准备将其发给合作者。您可能想要插入贵公司的徽标、上次假期的扫描照片或只是一幅有趣的剪贴画,以增加亮点和吸引力。类似这样的图像是独立于文档创建的,它们保存在您的硬盘、公司服务器或万维网上。举例来说,这些文件类型有:位图(.bmp)、JPEG文件(.jpg)、GIF文件(.gif)、Windows图元文件(.wmf)、TIFF文件(.tif)、增强型图元文件(.emf)和可移植网络图形文件(.png)。

对本任务而言,不需要详细了解每个文件类型的技术信息。最主要的是记住:当插入剪贴画、图片等图像时,您要用其中一种格式插入图像。

4.绘图画布

在着手实际插入图形之前,另一个需要熟悉的概念是绘图画布。它是类似图文框的一种环境,有助于在文档中插入和安排一幅或多幅图形。它对由若干形状组成的图形尤其有用。绘图画布还提供图形与文档其余部分之间的边界。默认情况下,绘图画布没有边界或背景,但是可以像对任何图形对象一样,对绘图画布应用格式。

当您插入图形时,默认情况下Word 2007将其放在绘图画布中。比较而言,在默认情况下,您插入图片的行为是将文件嵌入文档而不使用绘图画布。当然,可以这样处理此默认行为:如果不喜欢使用绘图画布,可以将其关闭;如果要使用绘图画布帮助定位图片,可以将图片放在其中(单击绘图画布然后插入图片)。

在"插图"工具栏点击"形状"按钮,在弹出的下拉菜单中点击"新建绘图画布"时,将显示绘图画布,如图5.7所示。

图 5.7　绘图画布

注意：图示（包括组织结构图）将自动放置在一种绘图画布上。您可以使用绘图工具中"格式"选项卡的工具栏来更改设置绘图画布本身。

5.将图形准确定位在需要的位置，移动图形并调整图形大小，如图5.8所示。

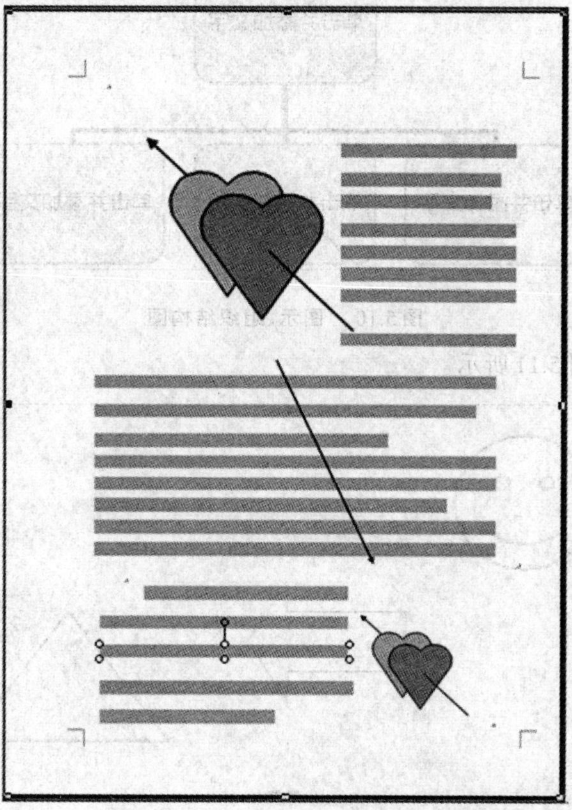

图 5.8　移动图形并调整大小

(1)不同类型图形的尺寸控制点和指针：

①剪贴画、图片或自选图形，如图5.9所示。

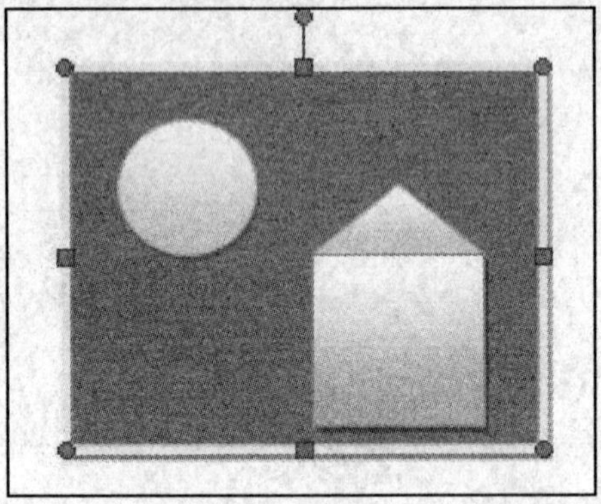

图5.9　剪贴画

②图示、组织结构图，如图5.10所示。

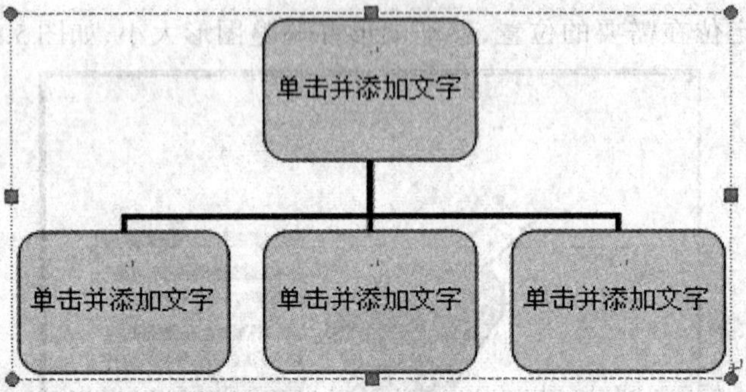

图5.10　图示、组织结构图

③绘图画布，如图5.11所示。

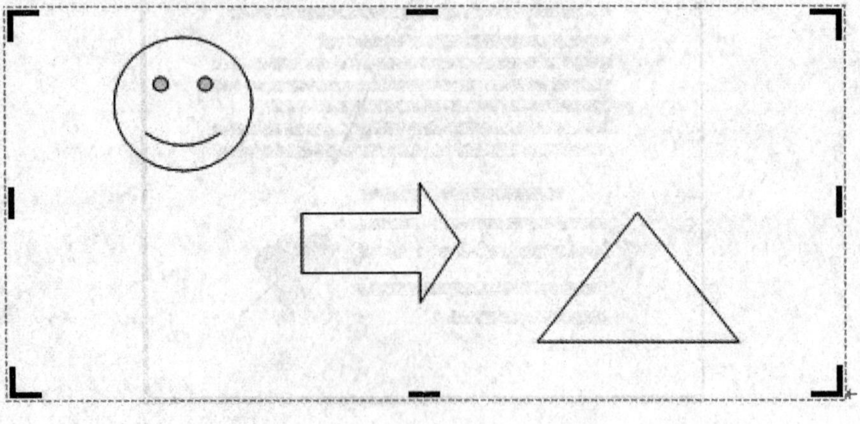

图5.11　绘图画布

当调整大多数类型的图形大小时，要遵循同一基本原则：选中图像，再将指针定位在图像顶部、底部、两侧或各角上的尺寸控制点上。控制点有方块控制点和圆圈控制点：圆圈控制点是角部控制点，拖动图像不会失真；方块控制点是侧边控制点，只能改变图片水平宽度或者垂直的高度。当指针变成双向箭头时，拖动指针调整大小。

所有类型图形的指针都会变成双向头。虽然不同类型图像的尺寸控制点以相同方式调整大小，但它们的外观存在差异。选中图像后：

●图片和剪贴画或自选图形，如图5.9所示，四周没有环绕实线边框，尺寸控制点在边框上呈小方块和小圆圈状。

●图示和组织结构图四周环绕有密点线边框，尺寸控制点在边框上呈小方块和小圆圈状。(早期的 Word 版本调整组织结构图大小的方式与此不同。)

●位于绘图画布上的图形，四周环绕虚线框，可利用四周的直角或直线来控制画布大小：直角用来进行图形的角部控制，直线用来进行侧边控制(类似于圆圈控制点和方块控制点)。

提示：如果想维持图像纵横比(高度与宽度的比)，请使用角部控制点；使用侧边控制点会使图像失真。

要微调图像大小，请右键单击该图形，然后单击快捷菜单上的“设置图片格式”。在“大小”选项卡上，可以输入精确的尺寸，也可以输入原始大小的百分比值。

(2)移动不同类型图形的控制点

①图像，图示组织结构

②带有绘图的绘图画布

与调整大小一样，移动大多数类型的图形时也需遵循同一基本原则：选择图像，然后将它拖动到需要的位置。

与调整大小不同的是，不同类型图形的移动操作之间略有差别：

●对于绘图画布上的图像，您可以同时移动绘图画布和图像，方法是：将指针定位在图像或绘图画布的边框上(如果看不见绘图画布，请单击图像，即可显示绘图画布)。出现四向箭头后，就可以拖动图像或绘图画布了。

●对图示(包括组织结构图)，您需要选择该图示，然后将指针放在其边框上。出现四向箭头，即可拖动图示。

●对于不在绘图画布上的图像，不会出现四向箭头。但是，一旦开始拖动图像，指针旁边就会出现一个小框，同时指针所在的文本行中出现一个特殊插入点，以帮助指引定位操作。当在文本附近或文本内定位图像时，它尤其有用，下一节您将看到这一点。

在文本内(例如在单词或段落间)定位图形的方法与在其他位置定位的方法一样：拖动图形。拖动时，请让特殊插入点指引您操作。默认情况下，图形(以及绘图画布)与文本字符的行为方式相同，因为它与文本一起移动；如果在图形前插入一行额外文本，图形将下移一行。这种类型的图形称为嵌入图形。

(3)绘图画布上的图形

绘图画布的一个优点是,可以方便地复制、组合和旋转画布上的图像。

①复制

如果想要多次使用一个图像,您不必重新绘制或重新插入,只需单击该图像将其选中,然后像文本那样进行复制和粘贴即可。

②组合

组合操作可以将若干单独的图像变成一个单元,以便在涉及其他内容时将其作为整体进行操控。例如,您可能有两张照片,想要在页面中始终放在一起;或者有若干形状,想要按同一角度旋转。若是后一种情况,您不必分别旋转它们,然后费力地确保三个形状的旋转角度相同。您只需将它们组合起来,然后旋转该组即可。请记住,图像在组合前必须位于绘图画布上。

若要组合对象,请在按住 Ctrl 的同时单击每个对象,以便选择所有对象。然后右键单击选中的对象,指向快捷菜单上的"组合"并单击"组合"。

③旋转

通常,当插入图像时,它是以垂直方向插入的,但您可以改变该角度。当在绘图画布上单击图像时,会注意到顶部有一个绿色选择控制点:那是旋转控制点。将指针定位在控制点上时,会出现一个环形箭头 ,拖动该箭头即可将图像旋转到所需的任意角度。

注意:图示(包括组织结构图)放置在一种特殊类型的绘图画布上,因此不能旋转。可以按这一部分中介绍的方法复制它们。若要组合图示,必须先将它们转换为浮动图形。

思考题

绘制"自己的小房子"图形。

填写实训报告

见附录。

任务三　使用文本框

任务目标

学会绘制文本框和进行文本框格式的设置。

任务实施

文本框是一个独立的对象,框中的文字和图片可以随着文本框一起移动,它与给文本加边框不是一个概念。实际上,可以把文本框看成一个特殊的图形对象。

一、绘制文本框

1.单击"插入"功能选项卡下的"文本"工具栏,点击"文本框"按钮,在弹出的下拉菜单中选择"绘制文本框"或"竖排文本框"按钮,如图5.12所示。

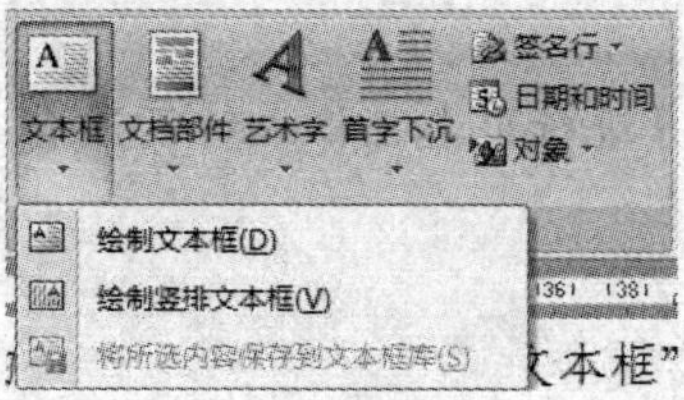

图 5.12　文本框下拉菜单选项

2.点击文本框工具下“格式”选项卡，可以改变文本框的位置、大小、环绕方式等，如图5.13所示。因为文本框是一特殊的图片。

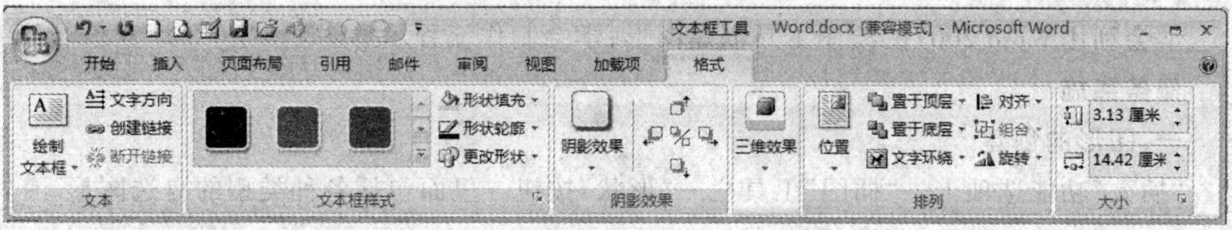

图 5.13　文本框工具“格式”选项卡

二、文本框格式设置

1.单击选定要设置的文本框；

2.单击右键，弹出快捷菜单，选择“设置文本框格式”，弹出文本框设置对话框，可以单击选项卡设置边框线、颜色、背景等，如图5.14所示。

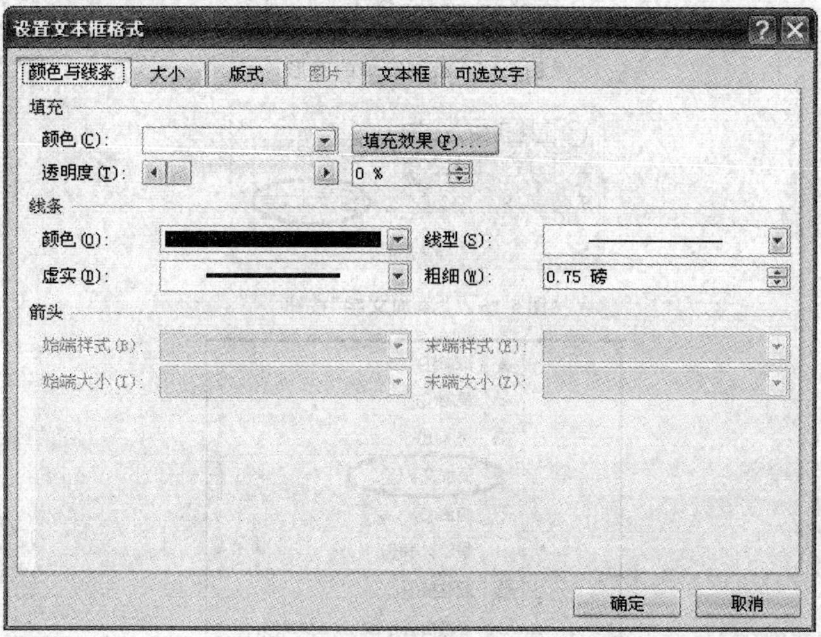

图 5.14　“设置文本框格式”选项卡

思考题

给自己的文档插入文本框,并进行文本框格式的设置。

填写实训报告

见附录。

任务四　绘制图形

任务目标

学会利用Word 2007的绘图工具创建图形;学会制作流程示意图。

任务实施

一、图形的创建

"插入"功能选项卡—"插图"工具栏—"形状"按钮。里面包括各种类型的自选图形。

1.绘制简单的图形

直线,带箭头的线,自选图形,如图5.15所示。

2.给图形中添加文字

双击创建的图形,在绘图工具"格式"选项卡的"插入形状"工具栏中点击"插入文字"按钮,如图5.16所示;或者点击右键,在弹出的快捷菜单中选择"添加按钮"命令,如图5.17所示。

图5.15　绘制简单的图形

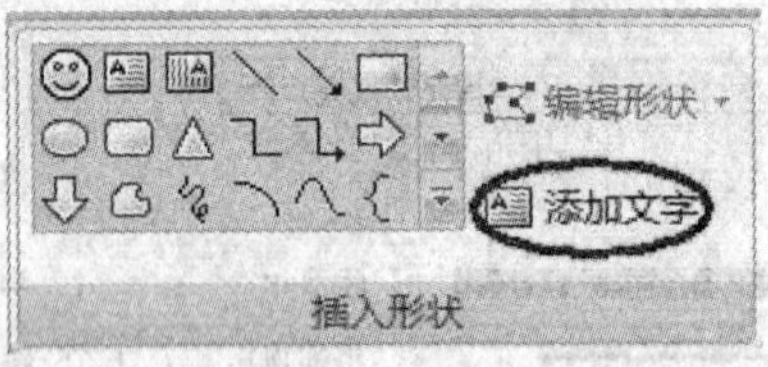

图5.16　"添加文字"按钮

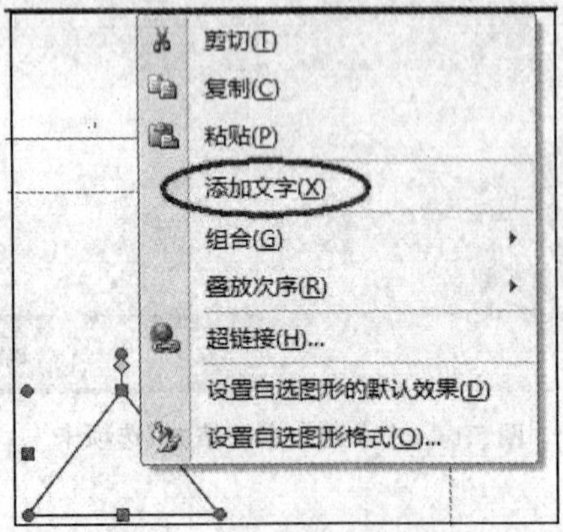

图5.17　"添加文字"命令

3.设置图形的颜色、线条

可在绘图工具"格式"选项卡下的"形状样式"工具栏中进行设置，如图5.18所示。

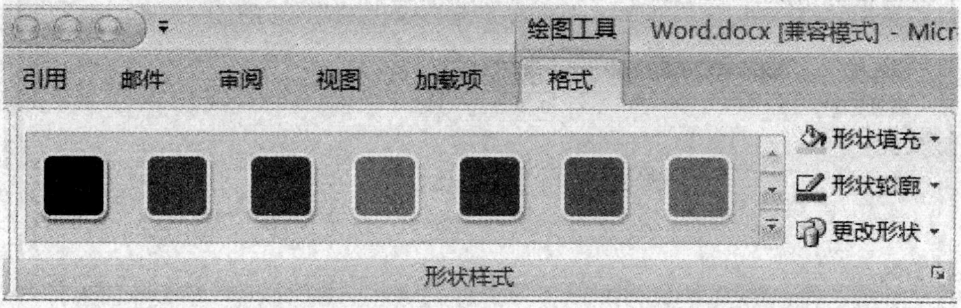

图5.18　"形状样式"工具栏

二、多个图形的组合：流程示意图

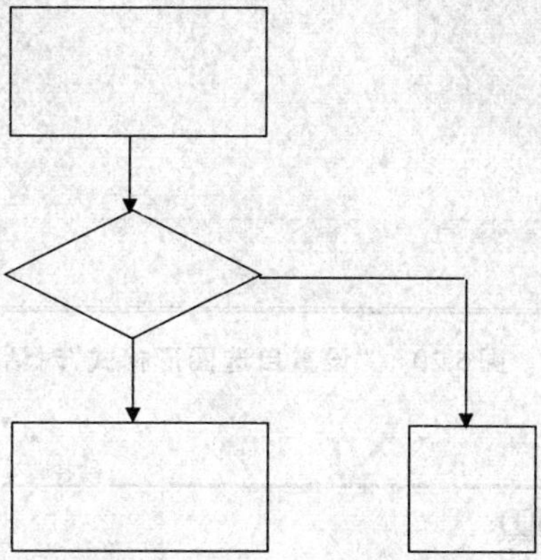

图5.19　流程示意图

三、自选图形的格式设置和叠放次序设置

1.绘制矩形、椭圆、圆等简单图形，选中图形，右键单击选择"设置自选图形格式"，如图5.20所示。

2.插入多个自选图形来组成一个新的图形时，需要根据要求设置叠放次序（如图5.22所示心心相印图形）。步骤：选中要设置的图形，点击右键，在弹出的快捷菜单中点击"叠放次序"命令，在弹出的快捷菜单中选择所需要的命令，如图5.21所示。

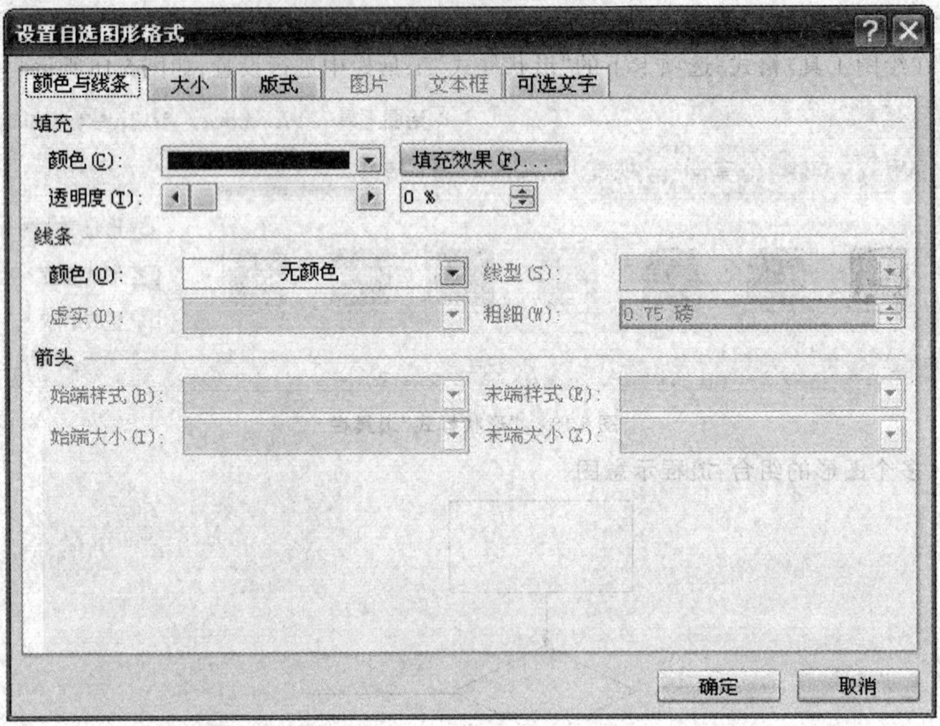

图 5.20　“设置自选图形格式”对话框

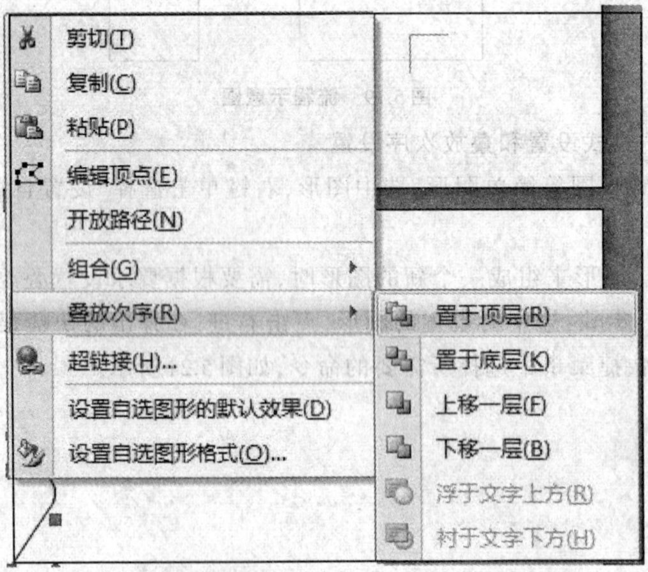

图 5.21　自选图形叠放次序设置

思考题

绘制心心相印，如图5.22所示。

图5.22　心心相印

填写实训报告

见附录。

项目六　综合课

【项目导读】

在学习了Word 2007的文本编辑、表格制作、图文混排后，我们基本可以做出满意的Word文档了。文档完成之后，还需要进行美观等的处理才能真正满足要求。本项目在对前几个项目的知识点汇总的情况下，学习装饰、美化文档和目录的创建等。

【技能目标】

理解四种视图的功能，会使用模板，会使用背景、边框和文字效果装饰文档，创建文档大纲，创建目录，及对以上 Word 2007知识点进行汇总。

【知识准备】

Word 2007文本编辑，图文混排。

任务一　重要知识点补充

任务目标

1.学会灵活运用四种视图方式。

2.学会使用模版、使用背景边框文字效果修饰文档。

3.学会创建文档目录。

任务实施

一、四种视图方式的比较

1.页面视图

在 Word 2007中一共有四种视图，通常使用的是页面视图，它以页面的形式显示编辑的文档，所有的图形对象都可以在这里完整地显示出来，因此也是平时用得最多的。

2.普通视图

在普通视图中因为不像页面视图中那样一页一页看上去那么明显，因此它的分页使用一条虚线来表示。另外，在普通视图中无法看到图形对象、插入的页码、页眉和页脚等内容，也不能进行竖向的排版，所以这个视图通常用来进行文字的输入、编辑和查阅纯文字的文档等。

3.Web版式视图

Web版式视图的最大优点是联机阅读方便，它不以实际打印的效果显示文字，而是将文字显示得大一些，并使段落自动换行以适应当前窗口的大小，而且只有它可以添加文档背景颜色和图案。

4.大纲视图

大纲视图中在每一个段落的前面都有一个标记，不过在大纲视图中查看和重新组织文档的内容都非常方便；它跟文档结构图有些像，也是根据段落的大纲级别有层级地设置，前面有小正方形的段落的级别是正文，而这些前面有加号的段落则在文档结构图中都有，也就是说，在大纲视图中的文档也可以折叠和展开。

大纲视图的界面上方有一个“大纲”选项卡，单击“大纲工具”工具栏上的“折叠”按钮，这一部分的层级就折叠了一层，再单击，又折叠了一层，在这个层级的下面出现了一条下划线，这就表示这个层级已经完全折叠了起来；单击“展开”按钮，可以展开一个层级，再单击，又展开一层。这和文档结构图很像，若只想展开此层下面的层级，把光标定位到这个段落中，单击“展开”按钮，就只有这项所包含的层级展开了。光标在哪里，就展开哪个项目的层级，如图6.1所示。

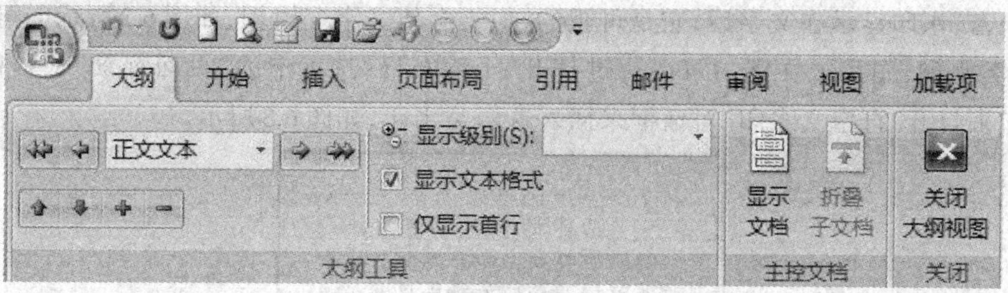

图6.1　“大纲”选项卡

大纲视图的另一个作用就是可以方便地调整段落的大纲级别，调整各个级别的顺序等，选中一个段落，单击“大纲工具”工具栏上的“下移”按钮，这个段落就和下面段落互换了位置。

这个工具栏还有一个用途就是可以方便地设置文档的大纲级别。单击“大纲工具”工具栏上的“显示级别”选择“所有级别”，展开所有层级，把光标定位到一个大纲级别为“正文”的段落中，单击“大纲工具”工具栏中的“升级”按钮，这个段落就和它原来的上一级段落同级了，单击“降级”按钮，段落的大纲级别就降了一级，单击“降级为正文”按钮，就可以把它变回正文了。

大纲视图还有一个很有用的功能，就是制作主控文档。用主控文档可以方便地对系列的文档进行组织和管理，可以很方便地创建文档间参考资料、目录和子文档索引等，而且不必一一打开即可打印多篇子文档、拖曳移动大段文本以及子文档。如果处理一篇几百页的文档时，Word 2007的速度很慢，使用主控文档会既快又方便。

在大纲视图中单击任意段落前面的标记(包括加号、减号和小正方形)可以选中这个段落和它下面的所有从属于这个段落的段落。上下拖动段落的标记可以改变段落及其下属段落的位置。左右拖动段落的标记可以改变段落及其下属段落的大纲级别。显示不同级别的大纲可以通过单击大纲工具栏上的级别按钮来实现，单击这个首句按钮还可以使大纲视图中显示的所有段落只显示第一句。

二、使用模板

1.使用模板

可以在新建对话框中选择各种模板,例如:各种简历和其他常用文档格式。

2.新建模板

根据已有文档创建模板的步骤如下:

(1)打开或者新建一个文档;

(2)在文档中插入通用的文本,设计字符、段落、节的格式;

(3)在“Office按钮”—“另存为”中,保存类型设置为“Word模板”。

三、使用背景、边框和文字效果装饰文档

1.添加水印或背景图片

(1)为打印的文档添加水印

“保密”水印显示在文字后,它是可视的,但不会使文字变模糊,如图6.2所示。可为文档添加两类水印:图片或文字。可以通过打开“页面布局”选项卡的“页面背景”工具栏的“水印”按钮来打开“自定义水印”对话框来插入这两类水印,如图6.3所示。

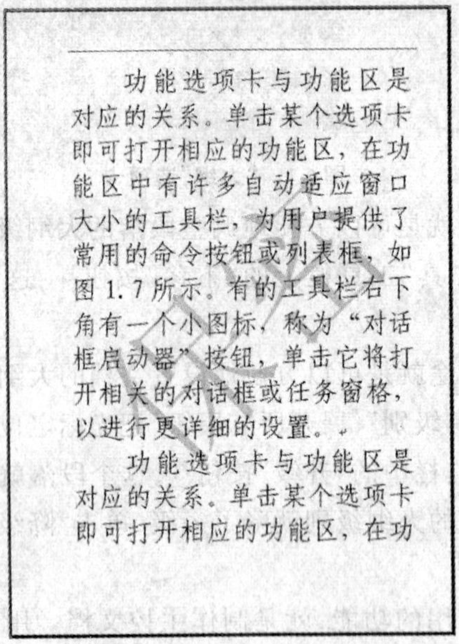
功能选项卡与功能区是对应的关系。单击某个选项卡即可打开相应的功能区,在功能区中有许多自动适应窗口大小的工具栏,为用户提供了常用的命令按钮或列表框,如图1.7所示。有的工具栏右下角有一个小图标,称为“对话框启动器”按钮,单击它将打开相关的对话框或任务窗格,以进行更详细的设置。

功能选项卡与功能区是对应的关系。单击某个选项卡即可打开相应的功能区,在功

图6.2 保密水印文件

对于图片,您可从硬盘上的任何图像或从Microsoft剪辑管理器中的剪贴画中进行选择。选择图像后,可以随意缩放或冲蚀它,以便它不如在文字后面那样明显。

对于文字,可以从下拉列表中选择需要的文字或键入您自己的文字,然后如同对待常规文档文字一样选择字体、字号和颜色。也可设置透明和斜式或水平版式,如图6.3所示。

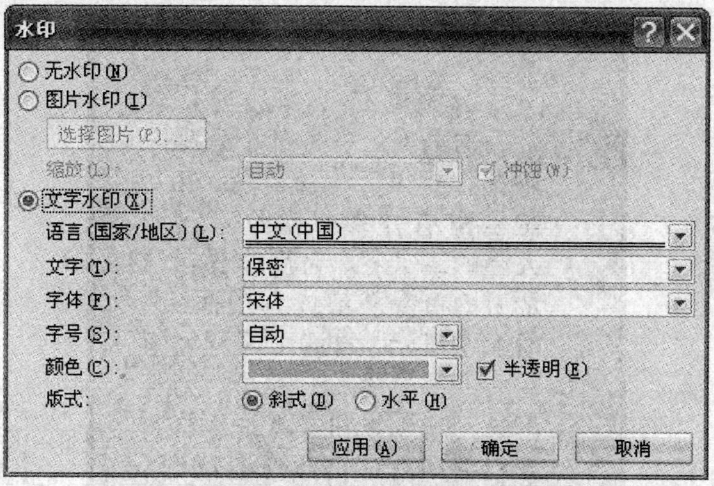

图6.3 自定义水印对话框

插入水印后，可在页面视图(单击“视图”菜单上的“页面视图”)或在打印的文档中查看它。

(2)为文档添加背景

文档背景可采用很多形式：

①纯色；

②纹理，例如不同颜色的大理石或木材纹理的效果，如图6.4所示；

③图案，例如条纹或棋盘式；

④硬盘上的图片。

若要选择并添加背景，请使用“页面布局”选项卡下“页面背景”工具栏中的“页面颜色”按钮，点击“填充效果”命令打开“填充效果”对话框，如图6.5所示。

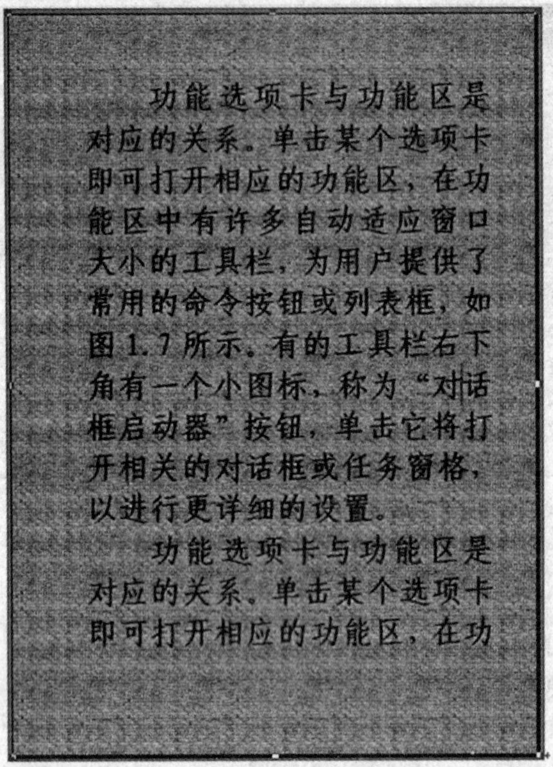

图 6.4　添加纹理背景的文档

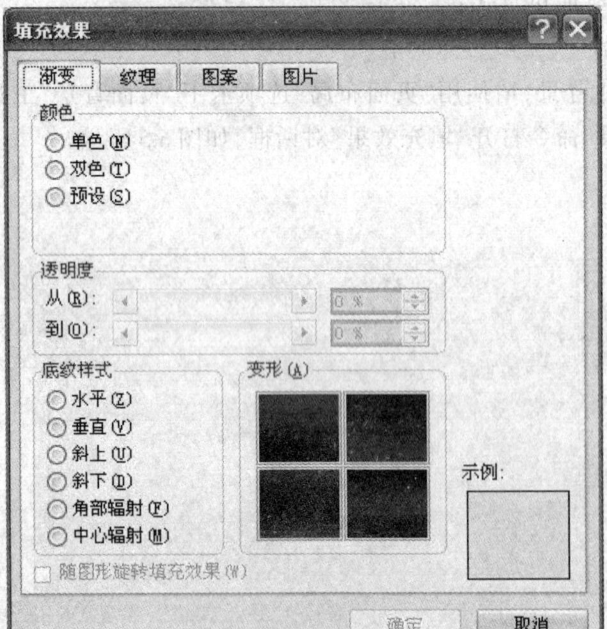

图 6.5　“填充效果”对话框

2.添加边框、底纹或填充效果

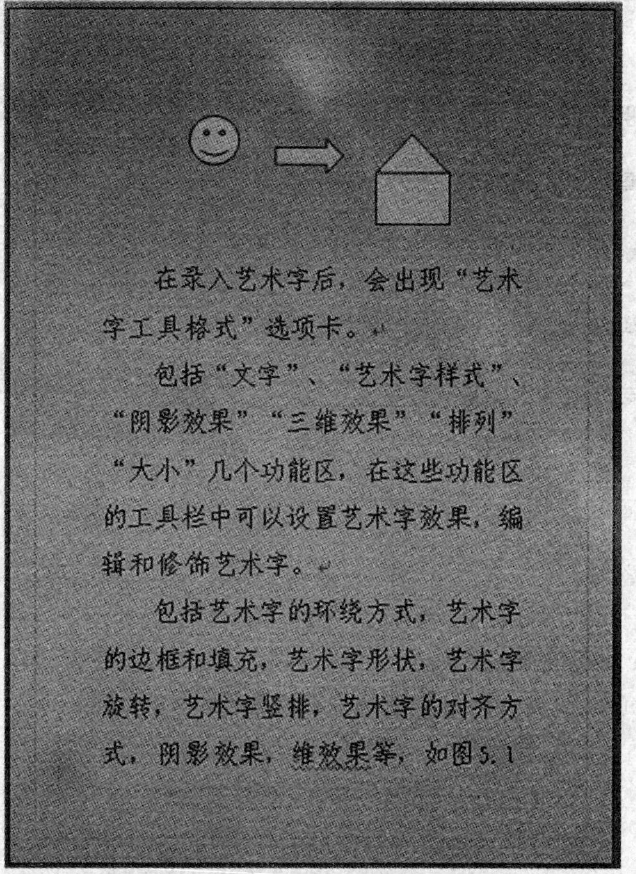

图6.6　文档具有装饰性的页面边框以及使用渐变填充的效果

Word 2007提供了各种现成的和可以自定义的图形边框、底纹方案和填充效果。带有图形页面边框的文档可以为文档的任何页面的任何部分添加全部或部分边框，Word 2007提供了从实用到流行的各种内置页面边框。

可以从“页面边框”对话框中的“页面边框”选项卡开始，如图6.7所示。在此，您可以选择：

- 边框类型，包括简单的方框、带阴影的框、三维框以及您自己设计的自定义样式。
- 线条样式、颜色和粗细。
- 艺术样式。如果您的文档是非正式的，或与特定场合、活动或假日有关，则使用艺术样式更好。

您在对话框内部即可预览设计，所以查看您所选择效果的样子非常方便。

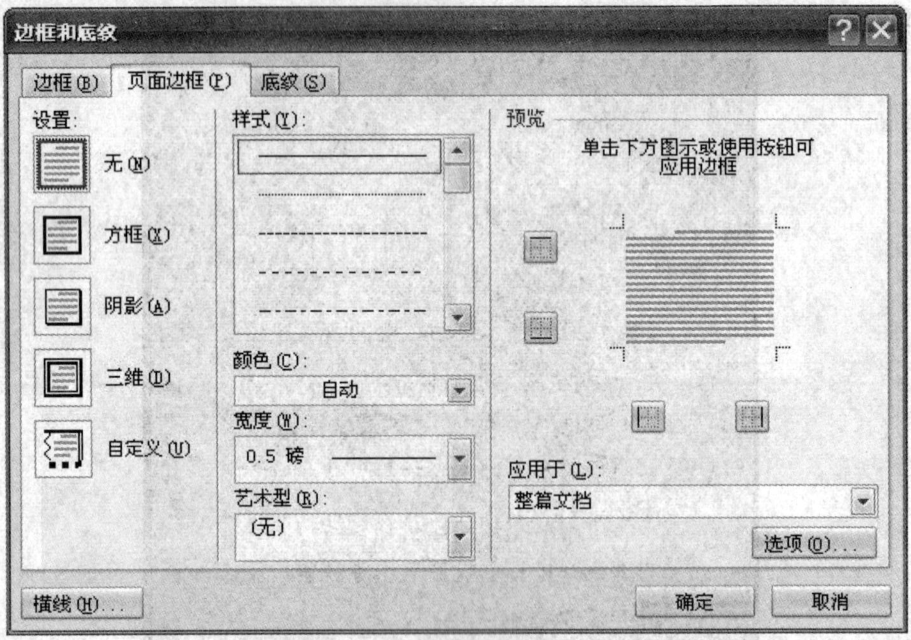

图6.7　页面边框对话框

3.用于文字、表格和图形的边框

您可为文字、页面、表格和图形应用边框和底纹,如图6.8所示。

图6.8　给表格、文字和图形设计边框的文档

您也可在几个不连续的文本块周围添加边框,将它们与文档的其余部分分开。这可为诸如标题和直接引用等内容增强直观效果。也可使用边框装饰表格和图形,如图6.8所示。

若要添加边框,有两种方法:方法一,首先选择文字、表格、表格单元格或图形,然后点击“页面布局”选项卡,在“页面背景”工具栏中点击“页面边框”按钮。单击“边框”选项卡,再选择样式、宽度、颜色等;方法二,点击“开始”选项卡,点击“段落”工具栏中的“边框与底纹”按钮,打开“边框和底纹”对话框,单击“边框”选项卡,再选择样式、宽度、颜色等。与在“页面边框”选项卡上一样,您可在此处预览您的选择。

注意:如果您使用“插图”工具栏“形状”按钮下的“自选图形”(一种特殊类型的Word

2007图形)，则添加边框的方法将有所不同。选择图形后，使用绘图工具“格式”选项卡中“形状样式”工具栏里的“形状轮廓”，在弹出的菜单中选择“主题颜色”或“其他轮廓颜色”。

提示：如果要对表格进行此类操作，可以使用一个很好的方法来快速添加统一的边框、底纹和配色方案，即使用“表样示”功能。在后面的“快速表格效果”部分您将了解到有关该功能的详细内容。

4.底纹

底纹用于强调该页面上的标题和摘录的引用语。通过使用“边框和底纹”对话框中的“底纹”选项卡可以为文字、表格或页面添加底纹，如图6.9。

如同对待边框一样，您可以使用各种颜色和样式，并预览效果。设置底纹时，预览尤其有用，因为您为底纹选择的颜色和斜线可能使页面上的文字难以辨认。您总要确保所选择的效果不会影响文字本身的显示。

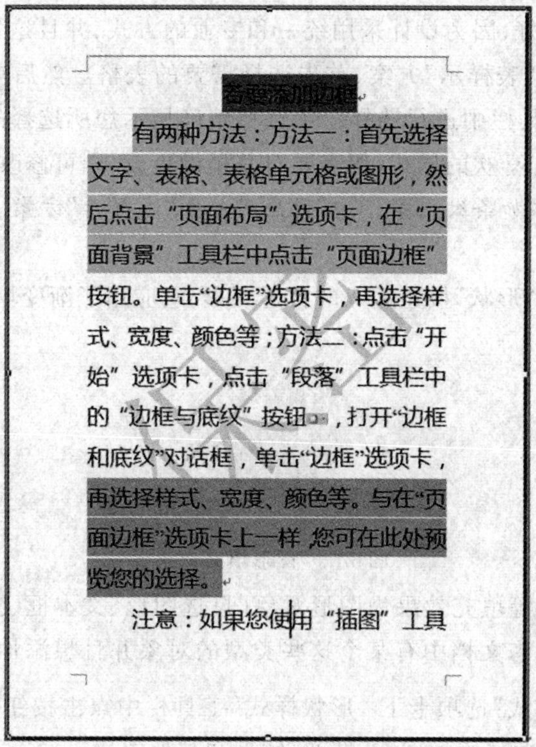

图6.9　给标题和正文添加底纹的文档

注意：如同对待边框一样，用于自选图形的底纹与用于文字和表格的底纹的工作方式不同。选择图形，然后使用绘图工具“格式”选项卡下“形状样式”工具栏上的“形状填充”按钮 。

5.快速表格效果

如图6.10所示，该表格应用了“表样示”方案。这种吸引人且易读的组合比您手动应用边框和底纹的方式更快捷。如果您特别需要分离或装饰表格，则需要了解“表样示”功能，它提供内置的边框、底纹和配色方案。

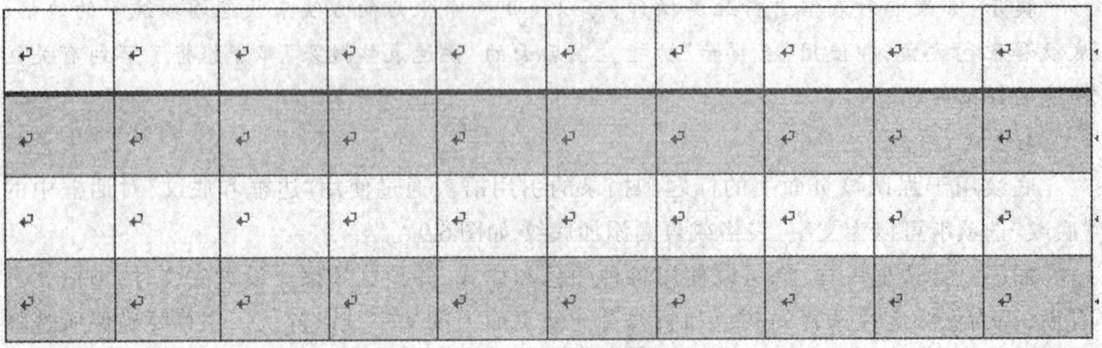

图 6.10　应用“表样示”方案的图表

这种方案的效果很好，因为设计采用统一和专业的方式，并且这省去了您手动应用单个效果的麻烦。若要应用“表样示”方案，首先选择需要的表格。然后单击表格工具的“设计”选项卡，在“表样示”工具栏中进行选择。预览将精确显示您所选择的效果的样子。如果您有创意，或者找到一种您喜欢的样式，但需要对其稍做更改，则可修改它。

提示：您可向表中添加条纹图案，而不用应用整个“表样示”方案。

6.图形填充效果

图 6.11 中的笑脸是“形状”按钮插入的自选图形，它应用了渐变填充。

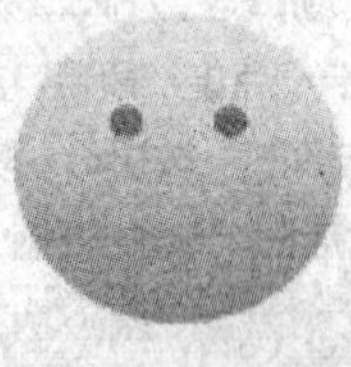

图 6.11　图形填充效果

可以采用诸如渐变等填充效果为图形对象（自选图形、文本框、艺术字和绘图画布上的对象）配色。同时，如果您文档中有某个这些类型的对象并且想添加填充效果，则首先选择它，然后在绘图工具“格式”选项卡下“形状样式”工具栏中点击按钮旁的箭头，打开“形状填充”对话框，使用选项卡添加图案、渐变、纹理和其他效果。

7.创建特殊的文字效果

您如何强调文字？是否经常使用老一套的加粗和倾斜，或偶尔应用全部大写字母？Word 2007 提供了很多设置格式的好工具，您可能尚未注意到它们。

图 6.12　首字下沉、阳文文字、艺术字和文字动画的示例

如果能适当使用它们,可以为文档增加很强的视觉效果,如:

• 阳文、阴影和空心等字体效果;

• 首字下沉;

• 艺术字。

图 6.13　阴影、空心、阳文和阴文字体效果的示例

仅通过更改字体效果即可为文字添加很多效果。

只需打开"开始"选项卡下"字体"工具栏右下角的对话框启动器,打开"字体"对话框,在"字体"选项卡中进行设置。在"效果"下,有很多字体效果的复选框,在中央区域,可看到以下这四个效果:

• "阴影"使文字变暗并在文字后面添加一些阴影。

• "空心"除去文字的所有实心填充,只保留空心。

• "阳文"使文字看上去如同在页面上突起一样。

• "阴文"使文字看上去如同凹在页面下一样。

某些用法提示:

• 通常,使用较大字体时,这些效果表现最佳。

• 很多情况下,当与字体和字形(例如加粗和倾斜)等其他基本效果组合使用时,这些效果表现更佳。

• 与任何流行的事物一样，仅在适当使用的情况下，这些效果才能表现最佳。

想一想古时修饰的文字，或童话故事的开头。“很久以前”中的“很”。在现代印刷术中，这称为首字下沉，如图6.14所示。如果您要在文档的开始就采用优雅的风格，可以在Word 2007中很容易地创建这种效果。

图6.14　使用首字下沉精致地强调页面上的第一个字

选择要应用首字下沉的文字，然后单击“插入”功能选项卡下“文本”工具栏的“首字下沉”按钮。所选择的字或字母将显示在文本框中，在其中您可以与对待常规文字一样的方式选择它并按照需要更改它。

即使您选择了一块文字，也只能将单个字或字母首字下沉，只有第一个字或字母受影响。也要注意，只有段落的第一个字或字母才能应用首字下沉。

艺术字使您的文字具有图形边缘，将任何文字转变为具有阴影、扭曲、旋转或拉伸效果的形式，如图6.15所示。

图6.15　艺术字提供了如阴影和三维等生动效果

若要添加艺术字，可以通过“插入”功能选项卡的“文本”工具栏中的“艺术字”按钮来使用“艺术字库”。插入艺术字后，可以使用艺术字工具中的“格式”选项卡下面的工具栏来更改它。只要您插入艺术字，就会立即显示该工具栏，然后选择“艺术字”，您可以更改文本曲线、背景颜色、字间的间距等。

五、创建文档大纲

1.关于大纲视图与大纲编号对比的注释

您可能熟悉 Word 2007 中的大纲编号功能，该功能将大纲编号应用到文本的不同行(例如Ⅰ、Ⅱa、Ⅲb 等)。明确这一点很重要：这种大纲编号与大纲视图不同，两者的用途也不同，并且未设计成可以一起工作。

大纲编号是一种层次结构的列表编号格式，将这种格式应用到文本行可以帮助读者跟踪信息。它实际上用于显示。

大纲视图是一种工作模式，可以帮助您对自己的思想进行安排和组织。由于大纲视图使用格式来表示层次结构，而非表示添加编号和字母的视觉提示，所以它提供了更清晰、更有条理的工作方法。

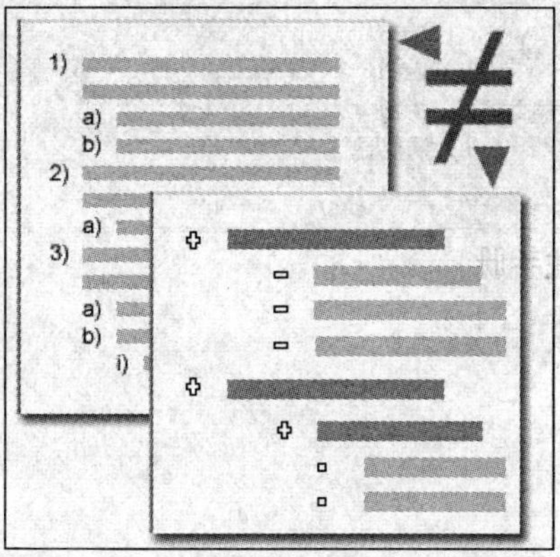

图 6.16　应用大纲列表编号与在大纲视图中工作不同

2. 从头开始创建大纲

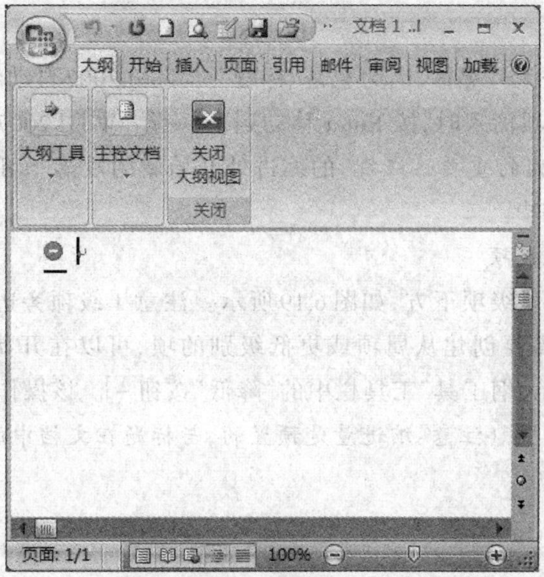

图 6.17　大纲视图中正等待第一项输入的空文档

若要从头组织您的思想,请以空文档开始,然后切换到大纲视图:在“视图”菜单中单击“大纲”。在文档的左上角出现一个减号和一个不断闪烁的插入点。这是输入第一个顶级大纲标题的位置。减号表示标题尚未包含任何子标题或从属文本。

将文档切换到大纲视图时,您还会注意到出现“大纲”功能选项卡工具栏,可以用来工作时操纵大纲。

3. 创建顶级大纲

图6.18第一行中已输入1级大纲项,第二行正在等待另一个1级大纲项的输入。若要添加第一项,只需在插入点键入该项,如图6.18所示。

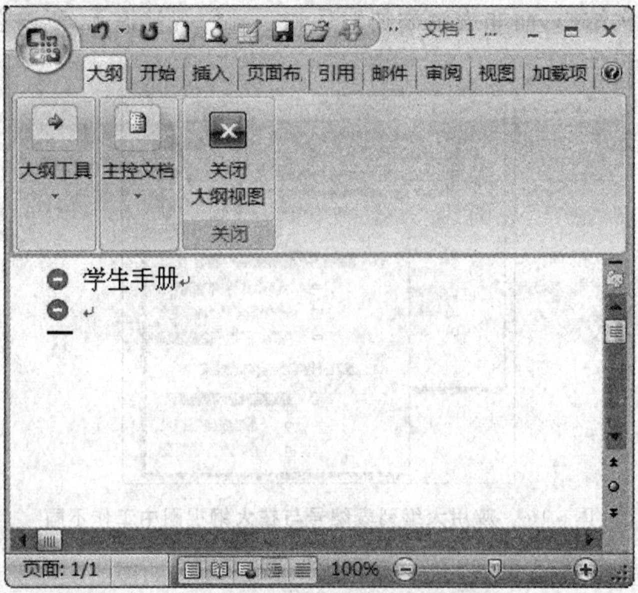

图6.18

您会注意到文本是大号黑体,因为它是“标题”。Word 2007自动将其格式定义为内置样式(标题1)。当完成一项输入时,按Enter移动到下一行。Word 2007在相同级别(或换而言之,整个文档结构中相同的重要性级别)的缩进处开始新的段落。可以继续这样的操作,直到所有顶级思路输入完毕。

4. 根据需要添加从属项

从属(2级)项位于1级项下方,如图6.19所示。注意1级项旁边的加号,它表示1级项包含子项。若要根据需要创建从属项或更低级别的项,可以在开始键入之前在新行中按Tab键,或者可以使用“大纲工具”工具栏中的“降低”按钮➔。该操作使文本缩进,从而在视觉上表示了项的从属级别。(注意:缩进量是预置的,与标题在文档中的缩进量无关。)

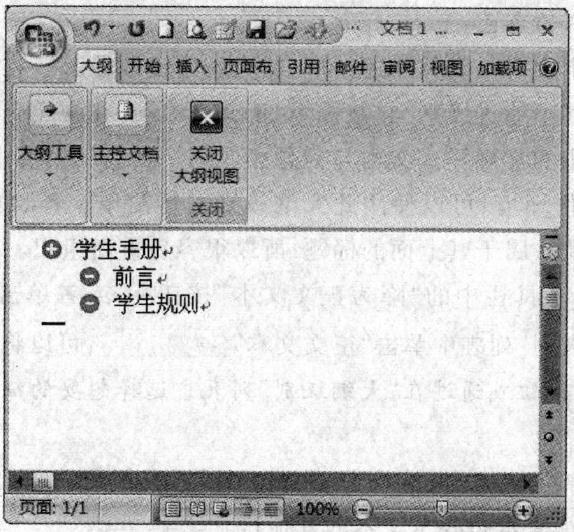

图 6.19

当按 Enter 从那里开始新行(新项)时,插入点的缩进级别与上一行相同。可以通过键入项然后按 Enter 在该级别继续添加项。若要添加从属于该级别的项,可以根据需要按上一段中所述的方法降级。或者,若要返回上一更主要的级别,请按 Enter,然后在开始键入之前使用"大纲"工具栏上的"提升"按钮 。(使用 Shift+Tab 键盘快捷方式可以达到相同目的)。

当您创建标题和子标题时,Word 2007 将在较高级别的标题旁显示加号 ,表示这些标题下还有子标题。最多可以添加九级标题,还可以添加常规段落文本(即正文文本)。

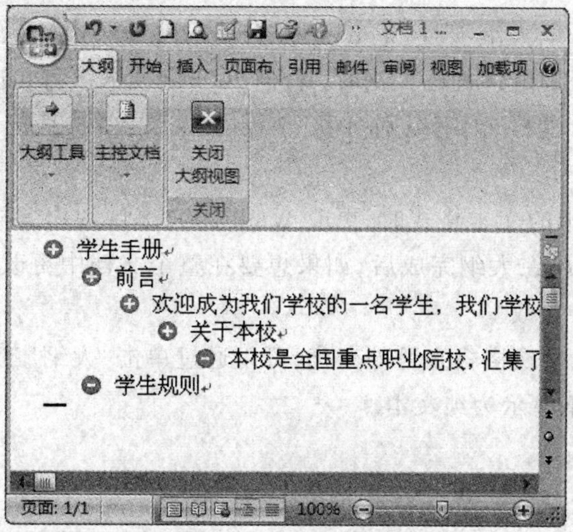

图 6.20 添加子标题时文档的样子

注意:可以更改已创建项的缩进级别,这称为升级或降级。

5. 大纲中正文文本的角色

大纲中的正文文本如前一部分所述,可以在大纲中键入段落。在大纲视图中,此文本采用大纲级别方案中的最小缩进级别,它被称为“正文文本”。在视觉上,正文文本可以通过其左侧的小圆圈和其较小的常规样式文本与标题相区别。在大纲视图中键入段落文本的功能使大纲视图强化了写作环境,可以使用此大纲级别进行简单注释,也可以实际进入详细写作。由于正文文本自动从属于其上面的标题,所以很容易重新组织。

通过使用“大纲”工具栏中的“降为正文文本”按钮,或者单击文本,然后在“大纲工具”工具栏上的“大纲级别”列表中单击“正文文本”,可以将文本指定为正文文本。

提示:使用“提升”按钮或通过在“大纲级别”列表中选择想要的级别,可以将正文文本更改回标题。

如果不想查看全部正文文本,请单击“大纲工具”工具栏中的“只显示首行”复选框 。第一行后面的省略号 (...) 表示折叠了文本的其他行。

6. 大纲级别如何与内置样式相关

(1)注意正文文本是缩进的,前面有一个小圆圈或减号以表示它处于从属状态。

(2)在页面视图中,相同的标题和正文文本显示为“标题 1” 和“正文”样式。在此视图中正文文本不缩进;大纲视图中的缩进只用于显示目的,与实际缩进无关。内置样式是格式特性的组合,将这种组合应用到文本后可以快速更改文本外观。例如,应用“标题 1” 样式可以使文本变为粗体、宋体和二号字,而应用“标题 2” 样式使文本变为粗体、斜体、宋体和三号字。(这些只是示例,实际的格式特性取决于 Word 2007 的默认设置以及您为自己选择的设置)。

当您输入第一个顶级大纲项时,Word 2007 自动用内置样式“标题 1”定义其格式。当您通过添加从属和正文级别继续创建大纲时,Word 2007 继续依次将相应的内置样式应用到每个标题和正文文本项。这样,大纲级别(1 级、2 级、正文文本等)直接依靠内置样式(标题 1、标题 2、正文等)。

当手动更改大纲中的文本格式时,更改 Word 2007 提供的内置样式可能会导致某些大纲项显示不正常。所以,在大纲完成后,如果想要在整个文档中更改格式,可能要在另一个视图中(如页面视图)中更改。

反过来考虑,如果发现格式有另外变化,可以通过单击“大纲”工具栏上的“显示文本格式” 复选框,将整个大纲显示为纯文本。

六、创建目录

1.工作原理

在 Word 2007 中创建目录有两个步骤:

(1)在您的文档中标记要包含在目录中的文本。标记文本是标识要包含在目录中的特定文本块(比如章标题或节标题)的一种方法。

(2)将标记文本汇集在一处。您可以一边编写文本一边进行标记。如果您正在编写的句子是一个新的章标题，请立即对其进行标记。这样您就不必浏览整个文档来标记您要包括在目录中的文本条目(尽管浏览全文也可以)。

提示：为获得最佳可读性，您为目录标记的文本应该简明且具有说明性，以便让读者知道特定节中的内容。

2.标记文本

图6.21　Word 2007样式工具栏

您可以用以下几种方法标记要包括在目录中的文本：

- 应用标题样式；
- 创建文档大纲；
- 创建自定义样式。

3.标题样式

使用 Word 2007的内置标题样式设置您的文档格式可能是标记文本的最简单的方法。只要用预定义的标题级别中的一种就可以设置您的文本格式并创建目录。使用标题样式的突出优势是易于使用和速度快。本节重点是通过应用标题样式来创建目录。

4.创建目录

(1)在“引用”选项卡的“目录”工具栏中，单击“目录”按钮。

(2)在“目录”的下拉菜单中选择“插入目录”，弹出“目录”对话框。单击“目录”选项卡，如图6.22所示。如果您想要创建默认样式的目录，单击“确定”即可。标记了文本后，可以将其汇集在目录中。这是 Word 2007为您完成这项工作的地方。

首先将插入点放在要显示目录的位置，通常是在文档的开头。如果您要使用默认选项，请单击“确定”以便创建目录。

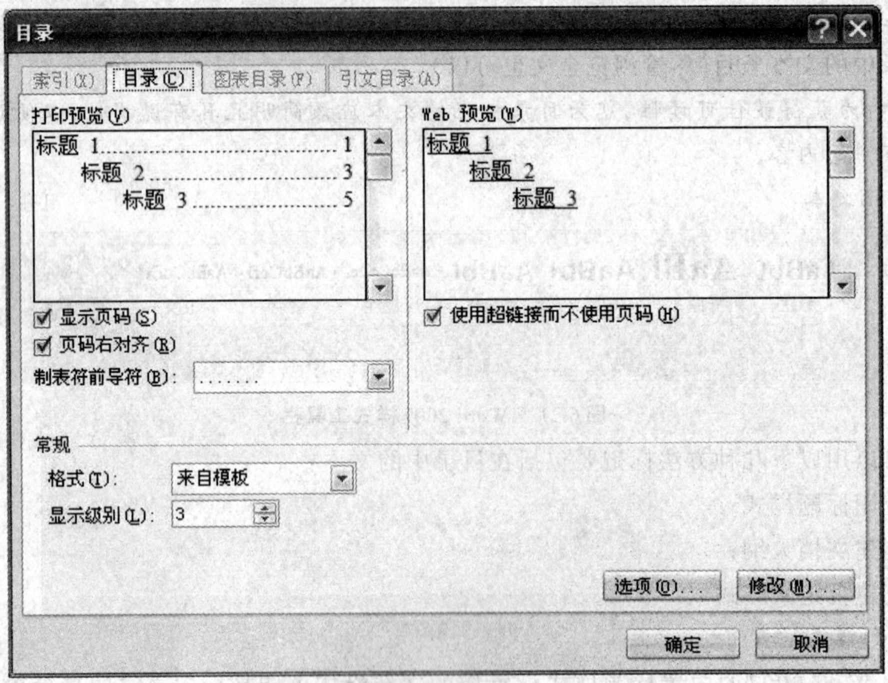

图 6.22　目录对话框

5.更新目录

您更新目录时，系统会询问您是选择更新整体还是只更新页码，如图 6.20 所示。点击“引用”选项卡下“目录”工具栏的“更新目录”按钮。

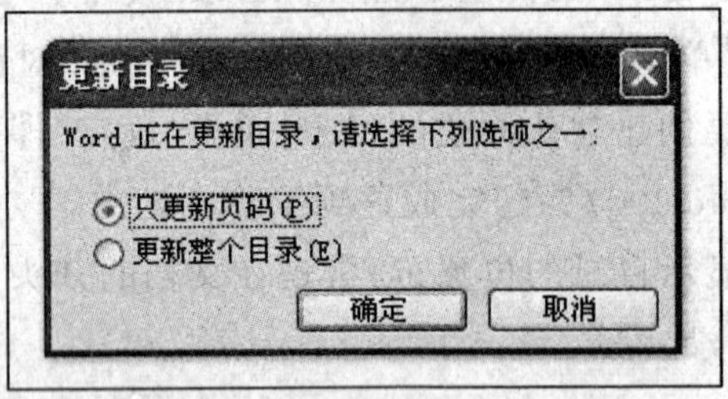

图 6.23　“更新目录”对话框

构建目录后，您就要对它进行维护。如果您在文档中包括了更多的标题，或只添加了更多内容，您就需要让目录包括新标题并显示正确的页码。

更新目录时，系统会询问您是更新整个目录(包括所有文本条目)还是只更新页码。如果您只添加了正文文本而没有添加新标题，请只选择页码选项，在长文档中这会更快并会为您节省时间。但是如果您已经在目录中添加了新标题或更改了包括在目录的任何文本的话，请选择“更新整个目录”选项。

避免编辑目录本身中的条目，如果您更新目录，您就会丢失那些更改。若要更改目录中显示的文本，请确保在文档正文内编辑此文本，而不要在目录内编辑，然后按 F9 整理这些更改。

6.设置目录格式

现在您已经知道如何创建目录,如何通过设置整个目录的格式使目录条目更清晰明了、更富有吸引力,从而让整个目录显得更生动。

Word 2007中有几种内置的目录格式,并且还有其他格式可供您使用,例如在目录条目和相应页码之间使用点线,在屏幕文档的目录中使用超链接等。

提示:在打印或发送文档之前,始终将更新目录作为您对文档的最后一项操作;这样您总可以将最后的更改包括在内。

可以更改的目录元素:

(1)字体详细信息,比如字号、字形和颜色。

(2)页码的位置。

(3)制表符前导符的类型。

(4)级别数。您要更改目录的外观时,最好更改整个目录,不要更改每个单独的行。但在开始前,最好了解事实真相以及您能进行哪些更改。

- 字体:通过向整个目录应用格式,您可以更改目录中文本的字号、字形、颜色,等等。
- 页码:您可以选择是否包括页码,如果包括页码,选择让页码在文本条目旁边还是右对齐。
- 制表符前导符:如果您的页码右对齐,您可以选择是否使用制表符前导符(点线、虚线、直线)。
- 级别:在一个复杂的文档中,目录可能需要不止标准的三个级别。您最多可以有九个级别。使用内置的目录格式可以一次性更改所有这些属性中的许多属性。该格式会影响整个目录。您需要避免"手动"设置目录格式,因为在对目录进行更新时,会使您应用的直接格式丢失。

如果您混淆了所有这些"格式",请记住有两种类型的格式需要考虑。首先,文档中您标记要包括在目录中的文本可以设置格式(例如,用标题样式设置格式)。还有目录本身也可以设置格式:更改目录格式;显示或隐藏页码;对齐页码;选择制表符前导符;选择需要的级别数。

更改目录的外观很简单。您可以在创建目录时或在建立目录后进行该操作。

在"目录"对话框中,"目录"选项卡中"常规"下面的"格式"中,您可以从多种内置格式(例如"现代"、"正式"或"简单")中进行选择,如图6.24所示。只要单击"格式"框中的箭头并选择您喜欢的一种格式即可。有关其他选项,请参阅左侧的图片。(并非每种内置格式都提供图片中显示的选项。)

"来自模板"选项是一种引用您正在处理的文档中现有目录样式的格式。这意味着不用应用新格式,您就可以对现有目录的格式进行更改;因此,如果您选择了"古典型"格式,您就可以返回并对其进行改进。(如果您正在处理的文档中不存在现有的目录样式,那么它就是一个纯目录,只应用您在对话框中选择的格式。)

在对话框中重新设计现有目录后,系统会询问您是否替换旧的目录。只要单击“确定”,就会用包括新格式的目录替换旧目录。

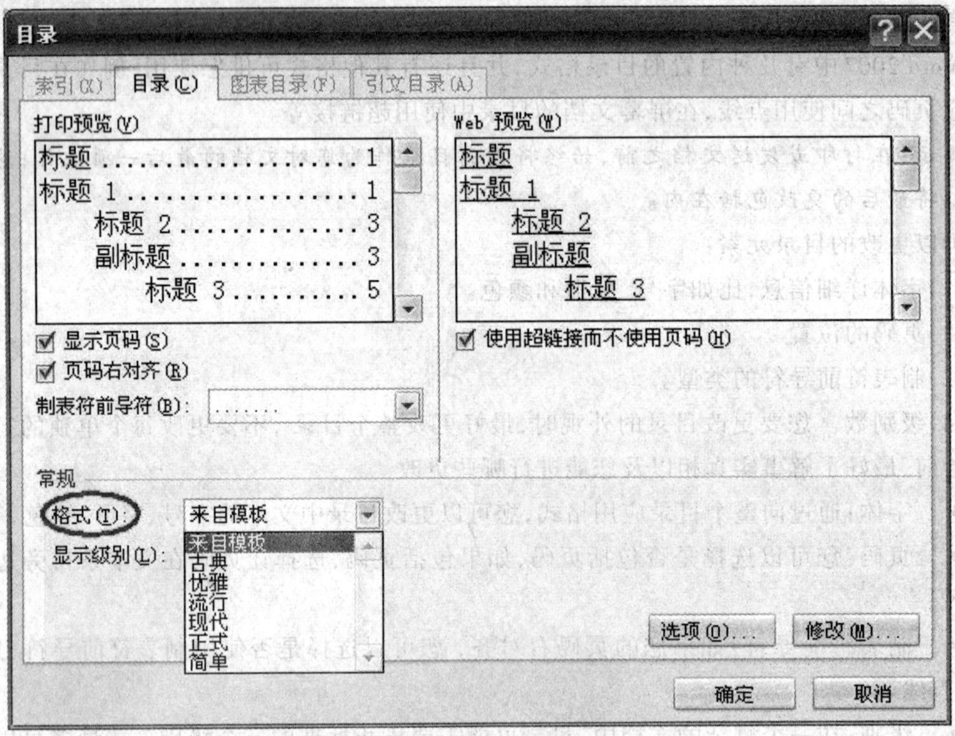

图6.24　目录格式设置

注意:①任何时候您都可以手动编辑目录并单独更改条目的外观;只要记住这是您最后要进行的操作就可以了,以后不要更新目录,否则您将丢失所有的更改。②您也可以设计自己的目录格式。

7.打印与屏幕

有时您创建的文档要打印出来,有时它要在计算机屏幕上被阅读。虽然目录条目是链接,但您可能希望它们显示为超链接以方便读者,特别是在屏幕上阅读时,更是如此。

您所要做的就是将浏览文档的方式更改为 Web 版式视图。在“视图”菜单中,单击“Web 版式”。若要看到页码而不是超链接,请切换回页面视图。

如果您知道某个文档不会在屏幕上浏览,您可以在“目录”对话框下的“目录”选项卡对话框中通过清除“使用超链接而不使用页码”复选框禁用超链接,如图6.24所示。

8.标记您的目录条目的方法

有两种方法可以标记目录的文本:标题样式和自定义样式。

标记目录文字的方法有很多种。正如您在前面所看到的那样,在文档中使用内置的标题样式是一种快捷而轻松的目录构建方法。当然您也可以创建自己的定制样式。此外,如果您偏爱大纲样式,您也可以创建文档大纲,并使用不同的大纲级别作为目录的条目。有时,您可能不想让目录中同一级别的条目在正文中使用相同的格式。例如,希望每个条目在文档主体中的颜色各不相同,而在目录中却非如此。

(1)文档大纲

如果您要起草文档,构思和移动文本,那么创建一个文档大纲是组织思路和规划内容的绝佳途径。您也可以毫不费力地创建目录,因为您要包括在目录中的文本已经用大纲级别进行了标记。

当您想让标记要包括在目录中的文本不具有任何格式的时候,文档大纲也很有用。虽然大纲级别直接依靠内置的标题样式(Word 2007会用内置的"标题 1"样式设置"级别 1"大纲条目),但这种格式易于删除。

注意:在"目录"对话框中清除"大纲级别"复选框,可以使用文档大纲级别标记的任何文本排除而不包括在目录中。

(2)自定义样式

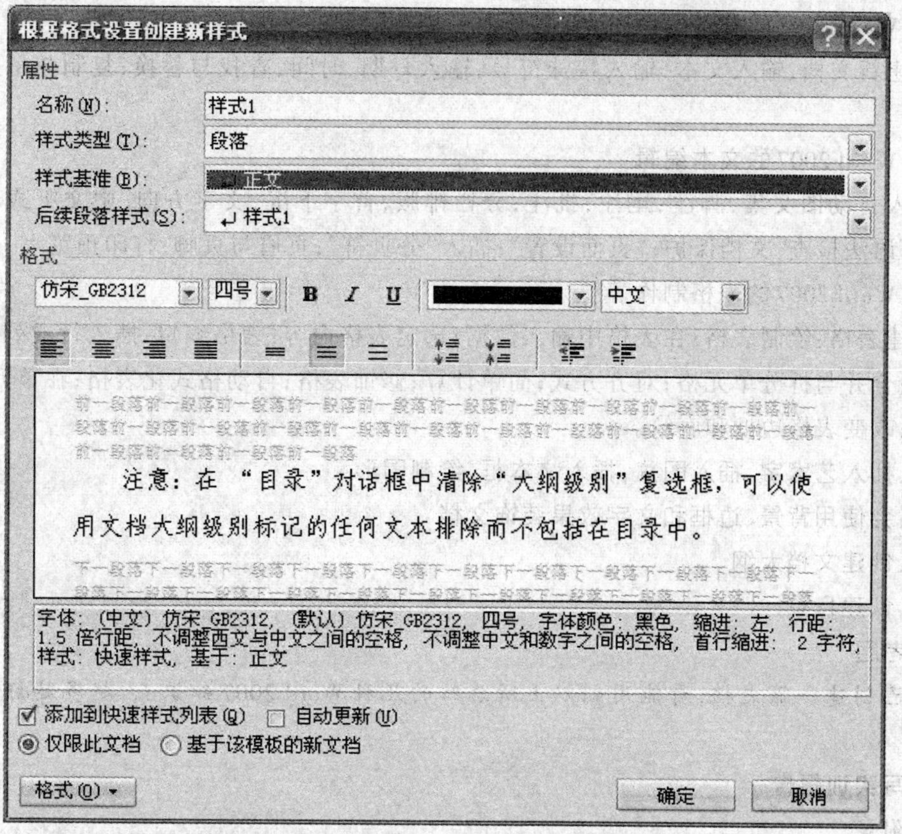

图 6.25 "根据格式设置创建新样式"对话框

"根据格式设置创建新样式"任务窗格是创建自定义样式时的开始位置。如果您不喜欢 Word 2007 的内置标题样式的外观,请使用自定义样式。您可以从头开始创建一种新样式,或修改一个现有的样式。

使用自定义样式的好处就是您可以精确选择文档中的所有标题和目录的外观。但这需要时间而且需要您了解如何创建或修改样式。

思考题

给自己的文档添加目录。

填写实训报告

见附录。

任务二　Word 2007知识点汇总

任务目标

熟悉、掌握已经学习的Word 2007知识点,能够熟练运用在自己的文档中。

任务实施

一、Word 2007的基本操作

创建新文档,输入文本,输入特殊符号,输入日期、时间,查找与替换,复制与粘贴,保存文档。

二、Word 2007的文本编辑

插入自动图文集,脚注,尾注,批注;分栏排版,首字下沉,文字方向,中文版式;字数统计,拼写语法检查,文档保护;“页面设置”;插入“分页符”;页眉与页脚;打印预览。

三、Word 2007的表格制作

创建表格:绘制表格;在表格中输入数据;选定表格内容;表格编辑:插入行或列;调整行高列宽;合并与拆分单元格;对齐方式;简单计算;修饰表格;自动格式化表格;在单元格中加入斜线;改变表格边框和底纹。

四、插入艺术字,插入图片,插入文本框,绘制图形

五、会使用背景、边框和文字效果装饰文档

六、创建文档大纲

七、创建目录

思考题

自己创建一篇文档,看能用到以上所总结的几种Word 2007知识点,越多越好,不少于6项。

填写实训报告

见附录。

项目七　Excel 2007基本操作

【项目导读】

很多时候我们需要借助表格进行信息的保存、处理、运算、制作图表等，那么如何利用办公软件实现这些功能呢？本项目将详细介绍Excel 2007的基本功能、基本概念和使用方法。

【技能目标】

1.了解Excel 2007的基本概念，启动和退出，表格的创建、编辑和保存等基本操作。

2.熟悉工作表中函数和表达式的使用。

3.掌握工作表格式的设置、页面的设置和打印。

4.学会Excel 2007的图表的建立、编辑和修改；有关数据库的基本概念以及排序、筛选和分类汇总等数据库操作。

【知识准备】

Excel 2007基础知识

任务一　Excel 2007的基本概念

任务目标

掌握基本概念，智能填充，编辑工作表，新建、保存、打开Excel 2007文件等操作。

任务实施

一、Excel 2007的启动和退出及界面认识

1.启动

和启动Word软件是一样的。从“开始菜单”启动或双击桌面上的Excel 2007快捷方式图标。

2.退出

四种方法：

(1)单击关闭按钮；

(2)“文件”菜单中—“退出”；

(3)快捷键Alt +F4；

(4)控制菜单中的“关闭”命令。

附加：

①界面组成

②Excel 2007窗口组成：由标题栏、菜单栏、工具栏、编辑栏和状态栏组成。编辑栏是由

名称框和内容框构成的。名称框:显示当前单元格的名称也就是地址。内容框:显示当前活动单元格的内容。

二、工作簿与工作表

工作簿是一个 Excel 文件,其中可以包含一个或多个表格(称为工作表),例如:各科目成绩表,如"办公自动化"的成绩表、"组装与维修"的成绩表,可以存放在同一个工作簿中。一个工作簿最多可以含有 255 个工作表,一个新工作簿默认有 3 个工作表,分别命名为"Sheet1,Sheet2,Sheet3"。工作表像一个表格,由含有数据的行和列组成。在工作簿窗口中单击某个工作表标签,则该工作表就会成为当前工作表,可以对它进行编辑。

三、单元格与活动单元格

工作表中行列交汇处的区域称为单元格,它可以保存数值、文字等数据。窗口的左侧的 1,2,3……65536 表示工作表行号,上方的 A,B……表示工作表列号,它们构成单元格的地址。例如:B3 表示 3 行 B 列处的单元格地址。工作表由65536行和256列组成。

工作表中指针为空心实字,把它移到某单元格并单击,则该单元格的框线变成粗黑线,称此单元格为当前单元格,粗黑框线称为单元格指针。当前单元格的地址显示在名称框中,而当前单元格内容同时显示在当前单元格和数据编辑区中。

思考题

简述 Excel 2007 工作表的作用。

填写实训报告

见附录。

任务二 基本操作

任务目标

熟悉建立、保存工作簿,工作表数据的输入,工作簿中工作表的处理、拆分、编辑等操作。

任务实施

一、建立与保存工作簿

1.建立新工作簿

每次启动 Excel 2007 系统自动建立一个新工作簿;单击"Office 按钮"菜单中的"新建"按钮。

2.保存工作簿

"Office 按钮"菜单的"保存"命令;单击"自定义快速访问工具栏"的"保存"按钮;"Office 按钮"菜单中"另存为"换名保存。

二、工作表数据的输入

1.输入字符串

单击目标单元格,使之成为当前单元格,名称框中出现当前单元格的地址,然后输入字符串。输入的字符串在单元格中左对齐，输入完毕后按回车键或对号确认。

取消当前单元格中刚输入的数据：按 Esc 或叉号。

长字符串的输入：单元格的宽度有限，当输入的字符串超出单元格的宽度时，存在两种情况：如右侧单元格内容为空，则字符串超宽部分一直延伸到右侧单元格；如右侧单元格有内容，则字符串超宽部分隐藏，不在右侧单元格显示。

数字字符串的输入：如电话号码、邮政编码等，往往把它们处理为由数字字符组成的字符串。为了与数值区别，先输入单撇号，然后再输入数字字符串。

练习如下：B3 数值 28（右对齐），C3 单元格为字符串“100”（左对齐），求 D3 中，B3+C3 的和。数值右对齐，字符左对齐。

2.输入数值

输入数值时，默认形式为普通表示法，当 34，12.03 等。当长度超过单元格宽度时自动转化为科学记数法。

练习：输入分数：0 空格 1/5。

3.输入日期和时间

练习：2004 / 3 / 4。

4.智能填充数据

（1）填充相同数据

鼠标指针移动到填充柄，拖动它向右，则填充了相同数据“1”或“春天”。填充已定义的序列：如“一月”，拖动填充句柄向右拖动，依次是“二月，三月”。

（2）用户也可以自定义填充序列，方法如下：

①点击左上角的“Office 按钮”，然后选择最下面的“Excel 选项”按钮。

②弹出“Excel 选项”，选择“常用”功能框，然后在“使用 Excel 时采用的首选项”选项组中单击“编辑自定义列表”。

③打开“自定义序列”，然后在“输入序列”文本框中输入要设置为序列的数据。输入完毕后按“添加”即可。

④添加完后会在“自定义序列”的列表中出现刚刚输入的自定义序列。按“确定”按钮。

⑤然后用户只要在一个单元格中输入该序列中的一项，选中该单元格拖动填充柄，即可将该序列中的其他项输入表格中。非常方便。

注意：序列中每一项不能以数字开头，如 1,2,3。

（3）智能填充

可以指定有某种规律的数据（等差，等比等）。如 6，9，12，15 等。方法 1：单击“开始”选项卡，在“编辑”区域内单击“填充”按钮，在弹出的菜单中选择“序列”命令；然后在“序列”对话框中输入步长值和终止值，然后单击“确定”按钮。步长值是等差数列中连续数值之间的差值；终止值是可以限制序列值终止的数值，“编辑”—“填充”—“序列”。方法 2：先输入等差数列或者自定义数列的前两个数据，然后选中并拖动。

练习:输入等比数列,2,4,8,16。

(4)在一矩形区域内填充相同数据

三、打开与关闭工作簿

见Word 2007操作。

四、处理工作簿中的工作表

1.选定工作表

在编辑工作表之前,必须先选定它。单击工作表标签,则成为当前工作表,其名字以白底黑字显示。有时候需要同时对多个工作表进行操作,如:输入共同的标题,或删除多个工作表。 选定多个工作表的方法:相邻的时候,用Shift;不相邻的时候,按Ctrl。

2.重命名工作表

为了只管表达工作表的内容,往往不采用默认的名字,而重新给工作表命名。

方法1:双击工作表标签,选中后,直接输入新名称;

方法2:右键单击工作表标签,在快捷菜单中选择"重命名"命令。

3.工作表的移动和复制

在实际工作中,有时候会遇到十分相似的两张表格,它们只有很少不同点。若已经制作好其中一张表格,另一张表格可用"复制表格"的方法,以提高工作效率。工作表在工作簿中的次序有时可能需要调整。方法如下:

方法1:单击要移动(或复制)的工作表标签,沿着标签行拖动(或按住Ctrl键)标签到目标位置。

方法2:步骤如下:

(1)右击要移动或复制的工作表。

(2)从快捷菜单中选择"移动或复制工作表"命令。

(3)在出现的"移动或复制工作表"对话框中的下拉列表中,选定要将工作表移动或复制到的位置。

(4)如果选定"建立副本"选项,则表示复制,否则表示移动选中的工作表。

4.插入与删除工作表

(1)插入工作表

一个工作簿默认有3个工作表,有时候不够用,可用如下方法插入:

方法1:"插入"功能选项卡—"工作表"命令。

方法2:右击工作表标签,在快捷菜单中选择"插入工作表"命令。

(2)删除工作表

右击要删除的工作表标签,在快捷菜单中选择"删除"命令。

5.工作表的拆分

工作表的分割:对于较大的表格,由于屏幕大小的限制,看不到全部单元格。若要在同一屏幕上看相距甚远的两个区域的单元格,可以对工作表进行纵向和横向分割。

水平分割：鼠标指针移动到“水平分割条”，上下拖动“水平分割条”到适当位置，则把原工作簿分成上下两个窗口。

垂直分割：与水平分割操作相似。

五、编辑工作表

1.选定单元格

(1)选定一个单元格：单击该单元格即可。

(2)选定一行(列)或多行(列)：

①单行：单击行号或列标；

②多行：移到这些行的首行拖动到末行。

(3)选定整个工作表：按“全选”按钮(在行号1上方和列号A的左边)选一矩形区域，鼠标拖动；在名称框中输入单元格区域A2:B6。为单元格命名的方法：选定要命名的单元格区域，在名称框中输入区域名字并按回车键。

(4)如想选中该区域，直接在名称框中输入该区域名称即可；选定若干不相邻的区域：按住Ctrl键拖动。

2.移动和复制单元格数据

若数据输错了位置，可以将它移到正确的单元格中；某些单元格具有相同数据，可以用复制的方法，避免重复输入。方法如下：

方法一：拖动鼠标法

(1)选定要移动(复制)数据的单元格区域。

(2)鼠标指针移动到边线上，指针呈指向左上方的箭头时，然后拖动(或按Ctrl键)到目标位置即可。

方法二：剪贴法

3.清除单元格数据

选中要清除数据的单元格区域，按Del键。

思考题

用工作表制作班级报名信息。

填写实训报告

见附录。

项目八 公式、函数及工作表格式化

【项目导读】

到目前为止，工作表中的数据均以原来的面目出现，与普通表格相比，看不出优越性何在。在实际工作中，除了输入原始数据外，还要进行统计计算（如：合计、平均等），并把计算结果反映在表格中。特别是当有关数据修改后，Excel 2007会自动重新计算。这就显示出Excel 2007的优越性所在了。

【技能目标】

掌握函数的使用，理解公式的含义，能够对表格进行修饰，进行表格的格式化。

【知识准备】

熟悉建立、保存工作簿，工作表数据的输入，工作簿中工作表的处理、拆分、编辑等操作。

任务一 公式和函数

任务目标

认识公式和函数，学会输入公式、函数，复制公式。

任务实施

一、公式

1.输入公式

若要计算某区域各单元格的和并把计算结果放在某一个单元格中，输入公式步骤为：单击要储存数据的单元格，在单元格中输入“=B3+B4+B5”，按回车键。

公式由三部分组成：等号，数据，运算符号。

运算符包括：+，-，*，/，^（乘方），=，<>（不等于），>，>=（大于等于），<，<=（小于等于）。

2.复制公式

与数据类似，其中的单元格有规律变化的公式不必重复输入，而应采用复制公式的方法，其中的单元格地址的变化由系统去推算。复制公式类似复制单元格，方法如下：

方法 1：单击单元格，鼠标指针移到单元格边框上，拖动。

方法 2：右击单元格，在快捷菜单中选择“复制”命令，在目标单元格，右键点击快捷方式“粘贴”命令。

二、函数

函数可以认为是常用公式的简写形式。常用的函数有：Sum，Average，Max 等。输入函数的步骤如下：

1.单击要输入函数的单元格；

2."公式"功能选项卡—"插入函数"按钮，出现"插入函数"对话框；

3.选择需要的"函数"，选定区域；

区域（连续区域；不连续区域，按住 Ctrl 键）快速计算："开始"功能选项卡的"编辑"工具栏上的"自动求和"按钮。

思考题

如何复制公式？

填写实训报告

见附录。

任务二　工作表格式化

任务目标

掌握工作表的格式化设定。

任务实施

工作表的内容固然重要，但工作表肯定要供别人浏览，其外观修饰也不可忽视。Excel 2007 提供了十分丰富的格式化命令，能解决数字如何显示、文本如何对齐、字形字体的设置以及边框、颜色的设置等问题。

一、数字显示格式的设定

1.菜单

选中要格式化的单元格区域，单击"开始"选项卡—"单元格"工具栏中的"单元格"按钮，在弹出的菜单中选择"设置单元格格式"弹出对话框进行设置；或右键单击，选择"设置单元格格式"。

练习：插入时间格式。

2.用格式化工具设置数字格式

货币样式，百分比样式，分节号格式（千位分隔样式），增加小数位数，减少小数位数。

（1）条件格式：可以根据某种条件来决定数值的显示颜色，例如显示学生成绩，小于60的用红色，大于60的用黑色。

（2）零的隐藏：单元格的值为零时，为了整洁，往往不希望显示 0。单击左上角圆形的"Microsoft Office 按钮"，单击"Excel 选项"，然后单击"高级"类别。在"此工作表的显示选项"下，选择工作表，然后执行下列操作之一：若要在单元格中显示零（0）值，请选中"在具有零值的单元格中显示零"复选框。若要将零值显示为空白单元格，请清除"在具有零值的单元格中显示零"复选框，如图 8.1 所示。

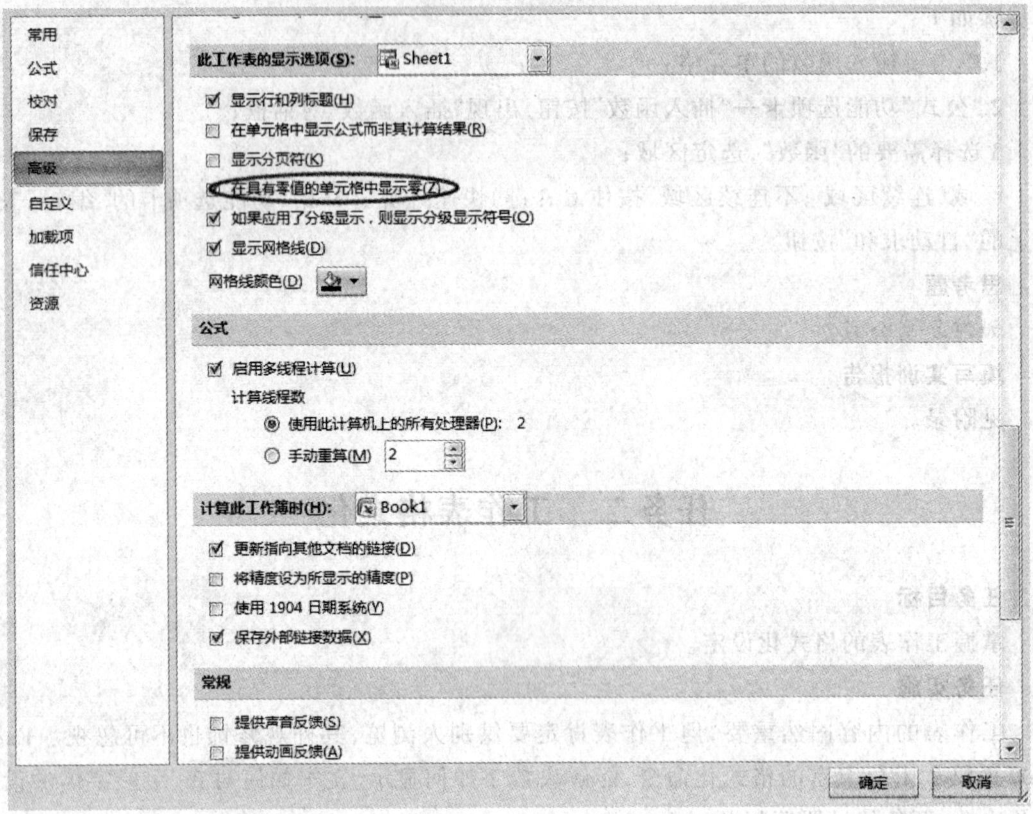

图 8.1　设置零的隐藏

二、字符格式化

为使表格美观或突出显示某些数据，可以对有关单元格进行数字格式化，例如标题采用黑体加粗有两种方法：

1.用“开始”—“字体”工具栏。

2.在“开始”“单元格”工具栏中单击右键选择“设置单元格格式”；或单击右键选择“设置单元格格式”。

三、标题居中与单元格数据对齐

1.标题居中

(1)使用“开始”选项卡“对齐方式”工具栏中的“合并及居中”按钮。

(2)单击“开始”—“单元格”；或单击右键，选择“设置单元格格式”。

2.数据对齐

数据对齐，数据旋转，同 Word 2007 操作。

四、图案与边框

1.图案

单元格区域可以增加底纹图案和颜色以美化表格。

2.边框

工作表中显示的灰色网格线不是实际表格线，在表格中增加实际表格线才能打印出表格线。

两者都是使用“格式”—“单元格”中的标签。

五、插入(删除)单元格、行、列

1.插入行或列

(1)选中某行或列后，单击右键，选择插入。

(2)“开始”—“单元格”—“插入”按钮—“插入工作表行”或“插入工作表列”。

2.插入单元格

“开始”—“单元格”—“插入”按钮—“插入单元格”。

3.删除行、列、单元格

(1)选定要删除的单元格、行或列。

(2)点击“开始”选项卡的“单元格”工具栏的“删除”按钮，选择需要的删除命令。

4.右键菜单操作

选中要删除的单元格、行或列，在右键菜单中，选择“删除”命令。

思考题

制作一份本班英语成绩的工作表，并将其格式化。

填写实训报告

见附录。

项目九 创建图表与打印工作表

【项目导读】

人们也许无法记住一长串数字，但很容易记住一幅图片。如果把工作表中的数据用图表的形式来展示，就会使其更容易被接受和理解。图表以工作表的数据为依据，数据的变化会立即反映到图表中。图表建立后，还可以对其进行修饰(字体，颜色，图案等)，使其更美观。

【技能目标】

能创建柱形图、饼形图，掌握页面设置、页眉页脚的设置。

【知识准备】

Excel 2007基本操作及工作表格式化。

任务一 创建图表

任务目标

学会Excel 2007图表的创建。

任务实施

一、创建图表

在实际工作中最常使用到的两种图表是柱形图、饼图中的三维饼图，首先介绍名词：

1.数据系列

一组相关的数据，如月份、电视机品牌等，同一系列的数据用同一种方式表示。数据点：数据系列中的一个数据，如月份系列中的“八月”。对已建立的工作表，有三种方法建立其图表。

创建图表有三种方法：

(1)“图表”工具栏建立图表

①图表类型

●标准类型图表

在Excel 2007中创建图表的常用方法是：选择数据区域，在功能区中选择“插入”选项卡，然后在“图表”组中选择所需图表类型，再选择某种子类型，单击“确定”即可创建图表，如图9.1所示。“图表”组中列出了常用的一些标准图表类型，如“柱形图”、“饼图”、“散点图”等，如果所需图表类型不在“图表”组中，单击“其他图表→所有图表类型”，然后在弹出的“插入图表"对话框进行选择。

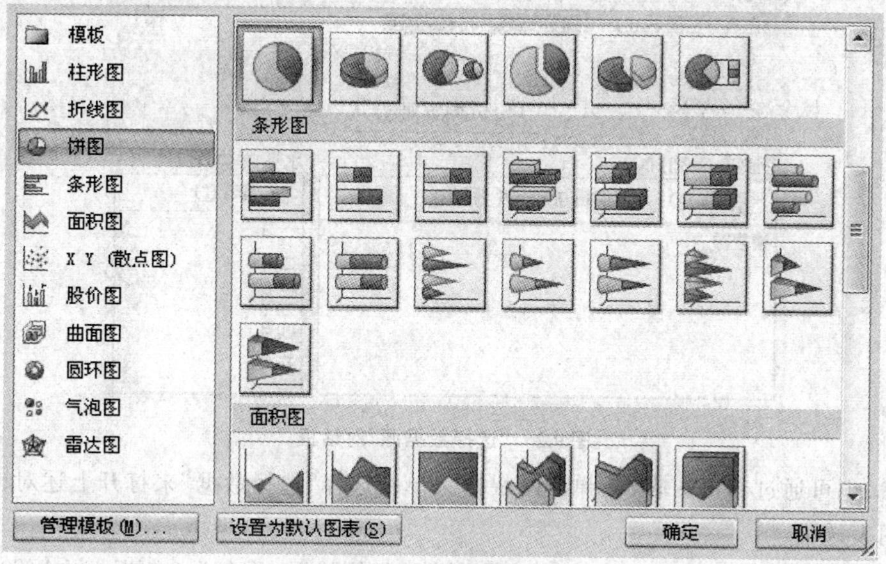

图 9.1 插入饼图对话框

图表创建后,要更改图表类型,用下面的方法:

方法 1:先选择图表,Excel 2007 会在功能区中增加 3 个"图表工具"选项卡,分别是"设计"、"布局"和"格式"。在"设计"选项卡的"类型"组中单击"更改图表类型",打开"图表类型"对话框,然后进行更改。

方法 2:在"插入"选项卡的"图表"组中单击右下角的"对话框启动器",也可以打开"更改图表类型"对话框。

方法 3:右击图表,在弹出的快捷菜单中选择"更改图表类型"。

● 自定义图表类型

在 Excel 2003 的"图表向导"的"4 步骤之 1"中,选择"自定义类型"选项卡,可以看到其中包含一些内置的自定义图表类型,如"对数图"、"分裂的饼图"等。在 Excel 2007 中,这些内置的自定义图表类型已不存在了,但 Excel 2007 可以十分方便地将自己设计的图表保存为图表模板来创建和应用自定义的图表类型,方法是:

保存模板:选择图表,在"设计"选项卡的"类型"组中单击"另存为模板"。

应用自定义图表:在"更改图表类型"对话框的左侧区域选择"模板"文件夹,然后在右侧"我的模板"区域中选择自定义的图表类型即可。

②图表源数据

在 Excel 2007 中,可以在"图表工具-设计"选项卡的"数据"组中,单击"选择数据",在弹出的"选择数据源"对话框中进行操作。

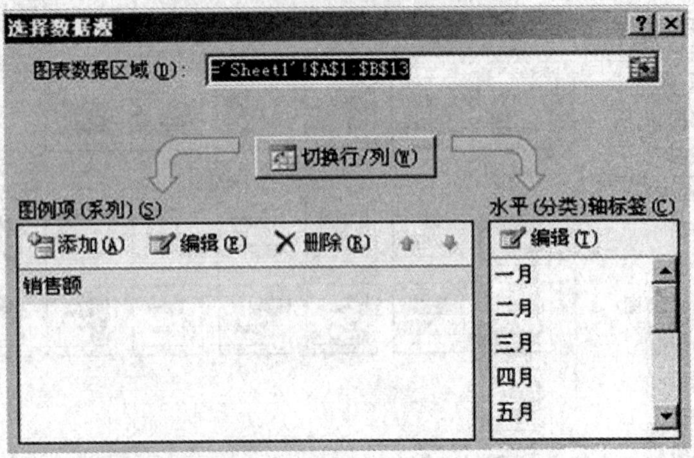

图9.2　"选择数据源"对话框

当然,也可通过右击图表,在弹出的快捷菜单中选择"选择数据"来打开上述对话框。

③图表选项

在Excel 2007中,图表的"标题"、"坐标轴"、"网格线"、"图例"、"数据标志"等选项都可以在创建图表后,在功能区"图表工具-布局"选项卡的"标签"和"坐标轴"区域中进行设置。例如要在图表中设置让数据标签包含"值"选项,可以选择图表后,在"图表工具-布局"选项卡的"标签"组中,单击"数据标签→其他数据标签选项",弹出"设置数据标签格式"对话框,然后勾选"值"。

④图表位置

在Excel 2007中,要更改图表位置,只需选择图表,在功能区"图表工具-设计"选项卡的"位置"组中单击"移动图表",在弹出的"移动图表"对话框中设置即可。

2.自动绘图建立图表

(1)选定要绘制的数据区域;

(2)按"F11键"自动插入图表,它不是嵌入式图表,而是独占一个工作表,如图9.3所示。

3.用"图表"工具栏建立图表

(1)单击"开始"—"图表"工具栏—"插入图表";

(2)选定要绘制的数据区域;

(3)单击图表工具栏或"插入图表"对话框的"图表类型"。

注意:用图表工具建立的图表是嵌入式图表。在Excel 2007中,独立图表表示由数据生成的图表单独在一个新的Sheet中,不与源数据在一张表中;嵌入式图表表示源数据与由此数据生成的图表在一张Sheet中,例如在这张表中,上面是数据,下面是图表。独立图表和嵌入式图表只是图表所在的位置不同,没有其他的不同。

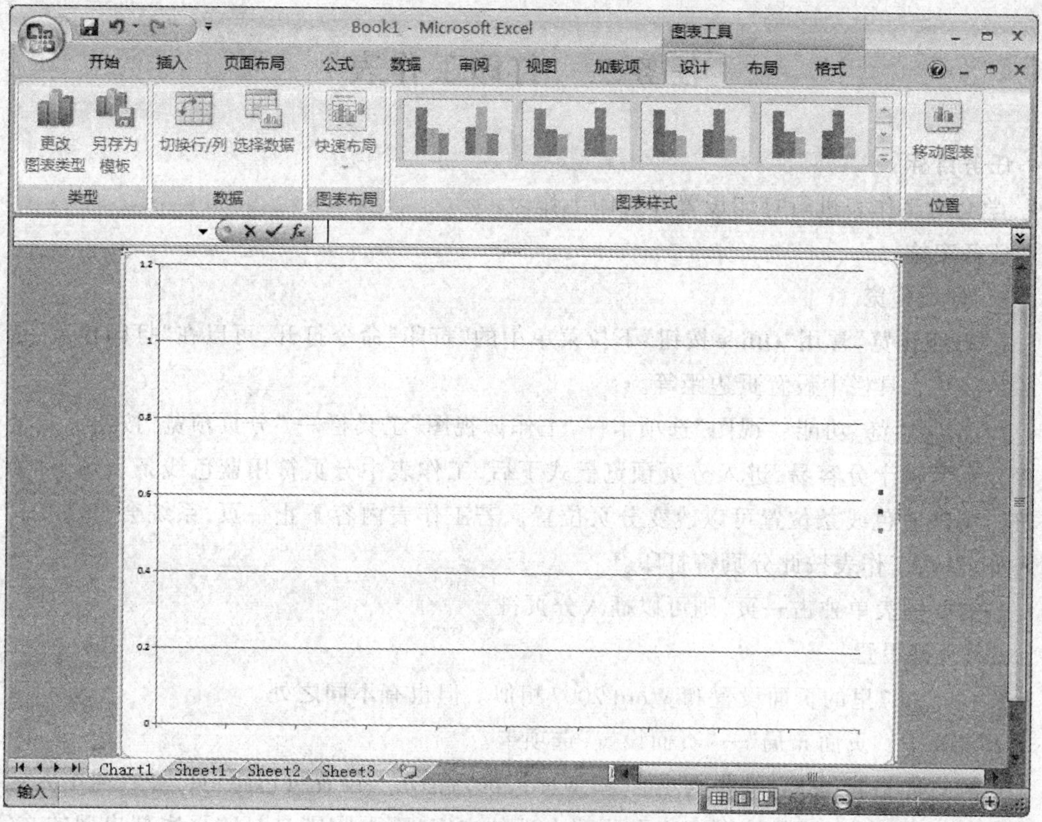

图 9.3　按“F11”键插入图表

二、编辑图表

1.修饰图表

(1)图表区的整体操作:图表区背景、字体,图表类型的更改。

(2)局部修改:图表标题,坐标轴标题,图例格式的操作,坐标轴格式,网格线的修饰。

2.增减和修改数据

数据源或直接拖动,以上都可以通过单击右键实现。

3.图表工具栏的使用

前面介绍设置图表的各种格式时都是使用的右键菜单或是图表菜单,Excel 2007中为了方便对图表进行操作,专门设置了一个图表工具栏。操作步骤如下:“插入”选项卡—“图表”工具栏—“对象”。

思考题

独立图表和嵌入式图表的区别是什么?

填写实训报告

见附录。

任务二　打印工作表

任务目标

学会对工作表进行打印设置并打印工作表。

任务实施

一、分页预览

1.“打印预览”常用“Office按钮”下拉菜单中的“打印”命令打开，可以在“打印预览”选项卡的“打印”工具栏中设置页边距等。

2.“分页预览”功能：“视图”选项卡—“工作簿视图”工具栏—“分页预览”按钮。它使工作表分页变得十分容易，进入分页预览模式下后，工作表中分页符用蓝色线条表示，称为分页符。调整蓝色线条位置可以改变分页位置。若工作表内容不止一页，系统会自动在其中插入分页符，工作表按此分页符打印。

若需要图表单独占一页，则可以插入分页符。

二、页面设置

Excel 2007里的页面设置和Word 2007相似。但也有不同之处。

设置如下：“页面布局”—“页面设置”选项卡。

设置打印格式:方向、纸张大小 。和Word 2007相同。设置页边距：页边距、居中方式。

设置页眉页脚：页眉是指打印页顶部出现的文字，而页脚则是打印页底部出现的文字。通常，把工作簿名称作为页眉，页脚为页号。

设置打印参数：设置打印区域(若只打印部分区域)。

每页打印表头：若工作表有多页，要求每页均有打印表头(顶端标题或左侧标题)。

三、打印设置

对“打印预览”感到满意后，就可正式打印了。

1.设置打印机

2.设置打印范围

可以设置为：全部，部分页码，当前选定区域，当前工作表，当前工作簿。

3.设置打印份数

一般是逐页打印，如2份打印顺序是：1页，1页，2页，2页……而逐份打印的顺序是1页，2页，1页，2页……

思考题

Excel 2007里的页面设置和Word 2007页面设置有哪些不同之处？

填写实训报告

见附录。

项目十 数据操作及表使用知识点的应用分析

【项目导读】

按数据库方式管理工作表是Excel 2007的重要功能，在实际工作中，会用到很多表格来存放一些信息，但这些表格可以说只是来记录信息的而不是来管理信息的。我们可以借助Excel 2007按自己的方式对数据进行排序、汇总、查询等操作。

【技能目标】

掌握数据排序，筛选数据，分类汇总，重点知识点的应用分析。

【知识准备】

Excel 2007的基本操作和工作表的创建。

任务一 数据排序

任务目标

掌握数据表中的数据的几种排列方法。

任务实施

对某些数据表，有时候需要按某字段值的大小进行排序。以便从中得到有用的信息。排序的依据字段称为关键字。

一、按关键字排序

1.选定要排序的单元格区域；“数据”—“排序”命令；“排序”对话框中设置排序方式。

2.快速排序方法：

(1)单击工作表中要排序列中的某个单元格；

(2)单击“数据”选项卡中“排序和筛选”工具栏中的“升序”A↓或“降序”Z↓按钮。

注意：如果你首先选中了一列，然后使用工具栏上的“升序”或“降序”按钮进行排序，那么进行排列的就只是所选中的部分数据，而不是整个工作表中的记录。

二、按自定义排序(按星期顺序或月份排序)

选定要排序的区域“数据”—“排序”按钮，启动“排序”对话框，单击“选项”按钮，在出现的“排序选项”中设置，如图10.1所示。

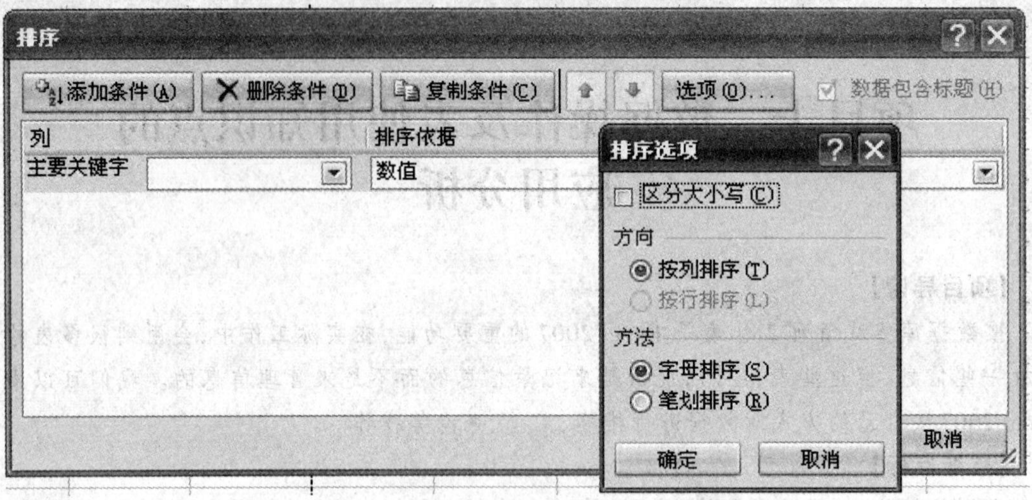

图10.1 排序设置

思考题

数据有哪几种排序方式?

填写实训报告

见附录。

任务二 筛选数据

任务目标

掌握数据的筛选方法,学会自定义筛选,取消筛选。

任务实施

在数据表中,有时参加操作的只是一部分记录,为了加快操作速度,往往把那些与操作无关的记录隐藏起来,提高操作速度。

一、自动筛选

1.“数据”选项卡—“排序和筛选”工具栏—“筛选”按钮。

2.单击字段旁边的下拉按钮,选择合适的条件,如图10.2所示。

排列整齐的工作表很容易筛选。

(1)描述列内容的列标题。

(2)仅包含数字的列。

(3)仅包含文本的列。

筛选这种工作表中的数据很容易,因为它排列很整齐。如果工作表数据还不够整齐,最好在进行筛选之前把它排列整齐。在您准备工作表数据以进行筛选之前,请牢记下列准则:

使用标题:每列的顶行中应当有一个标题,用于描述该列的内容,如“产品名称”或者“雇员姓名”。不要混合各个列中的数据,应当仅属于同一类型。不要在数字列中混入文本,或者在日期列中混入数字。不要中断,不应使数据被空行或空列中断。个别的空单元格没有影响。

图 10.2　排列整齐等待筛选的工作表

保持独立:您要筛选的数据应当在自己的工作表中。如果这不可能,应当用空行或空列将它们与其他数据分隔开。

单击要筛选的数据中的单元格。选择第一行的行标题,在“数据”选项卡,点击“筛选”按钮,然后单击字段旁边的下拉按钮,自动筛选箭头 将显示在各个列标题的右侧,这样就可以开始筛选了。如图 10.3 所示。

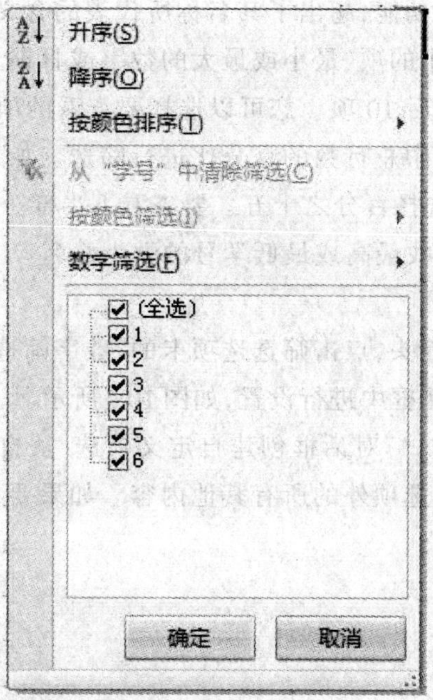

图 10.3　自动筛选复选框

打开了自动筛选,自动筛选箭头已显示。Excel 2007 已经做好准备,您可以选择要查看的数据了。如果您只想看在 5 之内学号的学生姓名,单击“学号”列中的自动筛选箭头,之后数据会根据您选择的条件显示,比如说我们查询一个学号在 5 之内的,取消全选,然后在需要选择的学号前面打√,按"确定"后,数量只会显示5之内的学号,其他都会隐藏起来。如果想回到全选状态,只要再点一下三角形图标,然后在全选处打√,点"确定"即可查看该列中名称的字母顺序列表,如图10.3所示。

筛选某一列后,如果您要进一步重点查看更具体的信息,可以在另一列上再次筛选,然后继续筛选其他列,依次类推。您可以单击任何列中任何标题旁边的箭头来应用筛选。

使用"10个最大的值"命令来选最大或最小的项或百分比,如图10.4所示。

图10.4 "自动筛选前10个"复选框

①选择"最大"或"最小"。

②选择1到500之间的一个数字。

③选择"项"或"百分比"。

"前10个"是另一个用途广泛的筛选,您可以对包含数字或日期的列使用"前10个"。

"前10个"具有某些其他功能,超出了其名称所代表的含义。使用"前10个",您可以查找数值最大的项或者数值最小的项(最小或最大的数字或日期)。虽然叫"前10个",但它并不局限于仅查找前10项或最后10项。您可以选择要查看的项数:最少1项,最多500项。

"前10个"还可以按照列中总行数的百分比进行筛选。如果某一列包含100个数字,而您要查看最大的15个,可以选择百分之十五。要查看下半部分,可以选择百分之五十。

您可以使用"前10个"查找最高或最低学号的学生姓名。

3. 创建自己的自定义筛选

单击列旁边的自动筛选箭头,点击筛选选项卡的"数字筛选"来选择自定义筛选,在弹出的"自定义自动筛选方式"对话框中进行设置,如图10.5所示。

使用"自定义自动筛选方式"对话框创建自定义筛选,从自动筛选箭头旁边的列表中选择以进行筛选时,将隐藏除该选项外的所有其他内容。如果要在列中看到多个选项,可以创建自定义筛选。

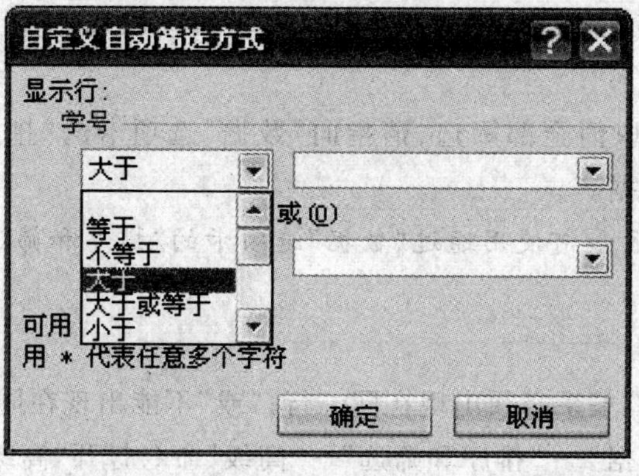

图 10.5 “自定义自动筛选方式”对话框

也可以使用自定义自动筛选方式来查找自动筛选箭头旁边的列表中所没有的项,例如:

- 一定范围内的值,如两个特定数字之间的所有数字。
- 一定范围外的值,如所有早于或晚于某一特定日期的日期。
- 等于或不等于另一个值的值。
- 包含在其他文本中的特定文本。

4.查看数据是否已被筛选

(1)状态栏中显示筛选结果。

(2)状态栏中显示“‘筛选’模式”。

(3) 行号显示出有些行被隐藏,而可见行号的颜色发生了变化。

(4)被筛选的列上的自动筛选箭头改变了颜色。

筛选操作会隐藏数据。这正是它们的用途。但是,如果您不知道数据已被筛选,可能会对数据看上去缺失而感到迷惑不解。(您可能会打开别人的已筛选的工作表,或者,甚至忘了自己曾应用了一个筛选。)因此,如果工作表包含筛选,则 Excel 2007 会以多种方式通知您。

状态栏:对数据进行筛选后,您将在左下角的状态栏中立即看到筛选结果:“记录: 126,共有记录数: 2155”或者类似的说明。稍后,这些数字会消失,状态栏上改为显示“‘筛选’模式”。

行号:您可以通过不连续的行号判断出有些行被隐藏,并且,可见行号会改变颜色来指示这些行被筛选。

箭头颜色:每个被筛选列中的自动筛选箭头的颜色将改变,以显示该列被筛选。

5.取消筛选

(1)要取消对某列的筛选,请单击该列旁边的自动筛选箭头,然后单击“(全部)”。

(2) 要一次取消全部筛选,请在“数据”选项卡的“排序和筛选”工具栏中单击“删除”按钮。

(3)要从列中删除自动筛选箭头。如何取消筛选要视您应用了多少个筛选,以及打算取消多少个筛选而定。

一列：要取消对单列的筛选，请单击该列旁边的自动筛选箭头，然后单击“(全部)”。将显示该筛选隐藏的数据。

所有的列：要一次取消全部筛选，请指向“数据”选项卡的“排序和筛选”工具栏中“筛选”，将显示所有隐藏数据。

注意：本小节讨论了如何使用通过“数据”选项卡的“排序和筛选”工具栏中“筛选”命令而插入的筛选箭头。

二、高级筛选

构造筛选条件：“与”关系必须出现在同一行；“或”不能出现在同一行。

执行高级筛选：“数据”—“排序和筛选”—“高级”命令打开“高级筛选”对话框。

填写实训报告

见附录。

任务三　分类汇总

任务目标

掌握工资表等的常用分析方法：分类汇总。

任务实施

分类汇总是分析数据表的常用方法，例如，在工资表中要按科室分类统计各科室人员的平均工资。

一、单击“数据”选项卡—“分级显示”—“分类汇总”命令；

二、“分类字段”，这里选“科室”；

三、“汇总方式”，这里选“均值”；

四、在“选定汇总项”中，选定要汇总的一个或多个字段。

注意：分类汇总的层次。

思考题

分类汇总的作用是什么？

填写实训报告

见附录。

任务四　Excel 2007表使用等重点知识应用分析

任务目标

重点掌握本任务所涉及的表使用及相关应用。

任务实施

一、如何在 Excel 2007 中使用表

1.创建表

(1)在 Excel 2007 中,新的“表”命令位于“插入”选项卡的“表”工具栏中,点击“表”按钮创建,如图 10.6 所示。

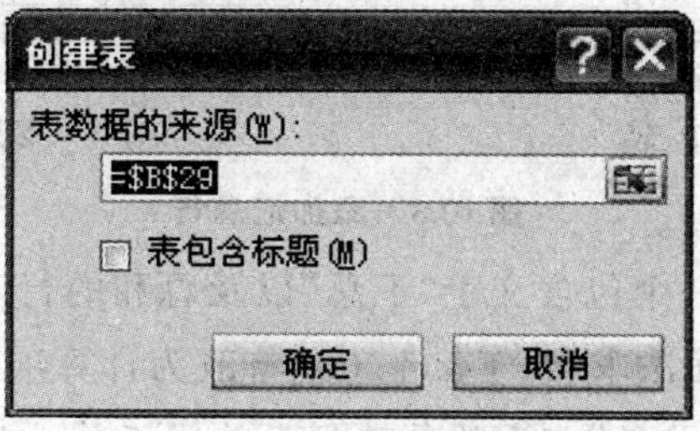

图 10.6　“创建表”对话框

①单击“表”命令。

②打开“创建表”对话框。

假定您已经在 Excel 2007 中输入了销售人员的某些数据,并且为该数据的每一列输入了“姓名”和“日期”之类的标题。列表应以列标题开始,以便真正对数据进行组织。在 Excel 2007 中,数据的条理性至关重要。

注意:如果列表没有标题,Excel 2007 将为您创建标题。这些标题的名称将为“Column1”、“Column2”,等等。

如图 10.7 所示,标题行中会自动添加筛选箭头。

姓名	日期	工资
张三	2001	5000
李四	2003	4000
王五	2005	3000
周红	2002	4500
李强	2011	2000
李刚	2002	4500

图 10.7　绘制的列表

现在,这些数据就组成了一个列表,并且列表中的每一列在列表顶部的标题行中都有自动筛选箭头。下一小节,将详细介绍这些箭头,那时您会发现,这些箭头使得对列表数据的排序和筛选操作变得非常简单。

注意:标题行中的自动筛选箭头是自动添加上的。

(2)为列表添加“汇总”行。

在表工具“设计”选项卡的“表样式选项”工具栏点击“汇总行”前面的复选框 ☑汇总行,如图 10.8 所示。

姓名	日期	工资
张三	2001	5000
李四	2003	4000
王五	2005	3000
周红	2002	4500
李强	2011	2000
李刚	2002	4500
张扬		
汇总		**23000**

图 10.8 添加汇总行

Excel 2007额外添加了一个包含文字“汇总”以及总和的行。请注意,如果最后一列中所包含的内容(例如,名称列)无法求和, Excel 2007将改为计算项数。

提示:可以再次单击“汇总行”前面的复选框来关闭汇总。此时,“汇总”行将会消失。

2.对表进行排序和筛选

自动筛选箭头会自动添加到列表顶部的标题行中。使用“表”命令创建表时,将自动为列表添加自动筛选箭头。在本任务中,您将学习如何使用自动筛选箭头对列表数据进行排序和筛选。

(1)如何排序

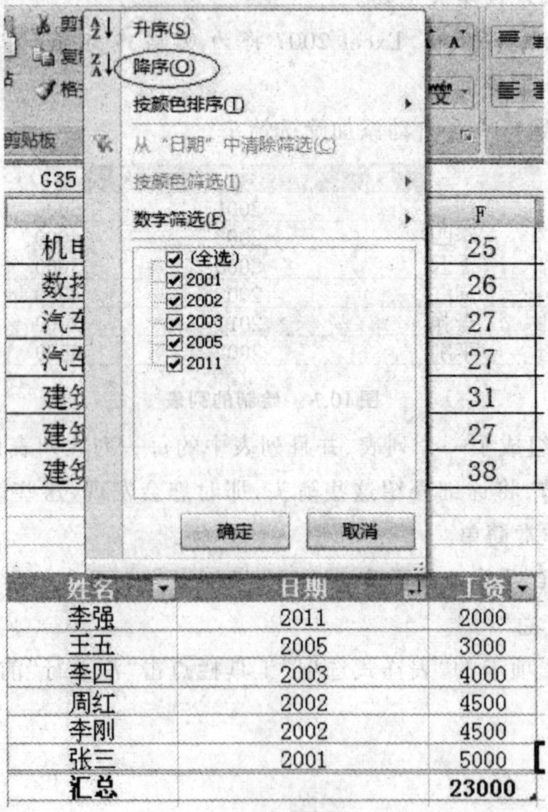

姓名	日期	工资
李强	2011	2000
王五	2005	3000
李四	2003	4000
周红	2002	4500
李刚	2002	4500
张三	2001	5000
汇总		**23000**

图 10.9 降序排列日期

单击"降序排列"可以先看到最新进来的员工。只需单击列的自动筛选箭头,并在所显示的菜单中选择排序命令,即可对列表中的任意列进行排序。假定您要按降序对"工资"列排序,以便可以先看到最高待遇的员工,请单击"工资"标题上的箭头,然后单击"降序"排列",这样就可以了。

注意:要一次为多个列的内容排序,请在"数据"选项卡中"排序和筛选"工具栏上单击"排序"。此时将打开"排序"对话框,如图10.10所示,在该对话框中可以选择要排序的列以及排序方式。

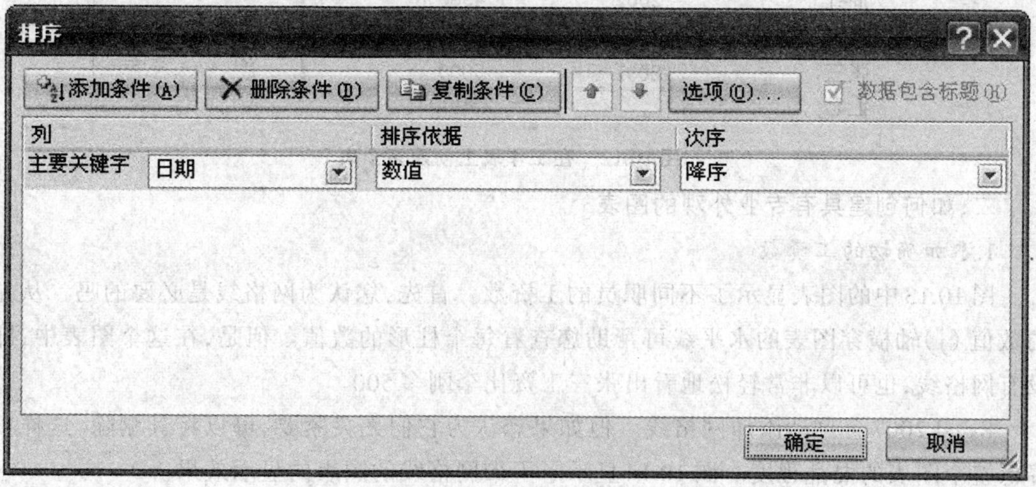

图10.10 "排序"对话框

(2)如何筛选

选择"张三"以便将列表筛选为只显示张三的入职年和工资,如图10.11所示。筛选表数据与对表数据进行排序一样简单。只需单击自动筛选箭头并进行选择即可。Excel 2007将自动只显示指定的数据。例如,您可以按姓名筛选,以查看张三的工资而非所有人的工资。或者,您也可以按日期筛选,以查看某个特定日期的入职人员。无论为哪个列指定数据,Excel 2007都会只显示该列以及列表所有其他列中筛选过的行。

姓名	日期	工资
张三	2001	5000
汇总		**5000**

图10.11 筛选"张三"以便将列表筛选为只显示张三的入职年和工资

注意:如果要隐藏自动筛选箭头,可以指向"数据"选项卡上的"排序和筛选"工具栏中的"筛选"按钮。如果要显示隐藏的自动筛选箭头,可以执行相同的操作。

(3)如何在工作表上创建多个列表

使用"表"命令创建表格,工作表中可以有多个列表。可以在一个列表中添加或删除行,而不在它旁边的列表中添加或删除行;也可以向右侧的列表添加行,而不向左侧的列表添加行。

因为使用"表"命令会自动为每个列表提供它自己的自动筛选箭头,所以还可以单独对这些列表进行排序。在Excel的以前版本中，一次只能有一个列表具有自动筛选箭头。

但是请注意，如果您有两个并排的列表，并且筛选过其中一个列表，则另一个列表看上去也像筛选过一样，原因是自动筛选会隐藏整个行，而不是只隐藏所筛选的列表中的行。

姓名	日期	工资
李强	2011	2000
王五	2005	3000
李四	2003	4000
周红	2002	4500
李刚	2002	4500
张三	2001	5000
汇总		**23000**

学号	姓名
1	小红
2	小强
3	小刚
4	小王
5	小李
6	小丽

图10.12　在工作表上创建多个表

二、如何创建具有专业外观的图表

1.添加确切的工资数

图10.13中的图表显示了不同职员的工资数。首先，您认为网格线是必要的吗？从左侧的数值（y）轴横穿图表的水平线可帮助您查看每个柱形的数值。但是，在这个图表中，即使没有网格线，也可以非常轻松地看出张三工资比李刚多500。

Excel 2007会自动添加网格线。但如果您认为它们无关紧要，可以将其删除，这样可以降低整个图表的混乱程度。图10.14显示了不带网格线的图表的显示效果。

删除网格线的方法：在图表工具“布局”选项卡的“坐标轴”工具栏中点击“网格线”按钮，再在下拉菜单中选择，如图10.15所示。

提示：对图表进行任何更改的第一步是选择该图表或该图表上的特定项目，选择正确的部分也是有一点技巧的。

现在，您只能看到最重要的数字，即每个职员的工资。如果您删除了网格线，但是因为没有它们而感到有一点儿不安，那么可以为您显示每个职员工资的确切数。图10.16中的图表在每个柱形上都有一个数据标签，显示了每个职员准确的工资数。

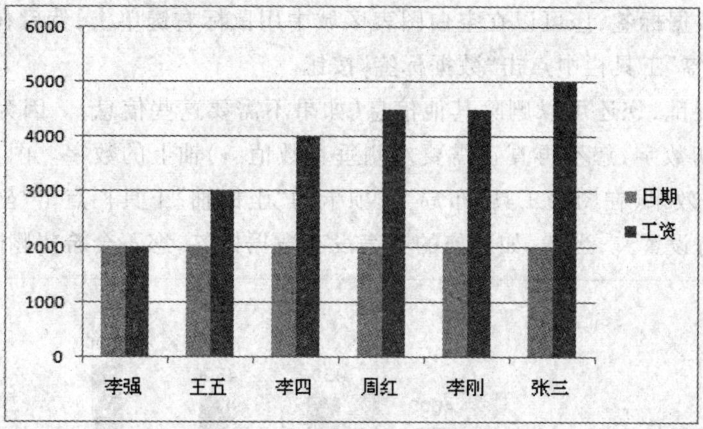

图 10.13 有网格线的柱状图

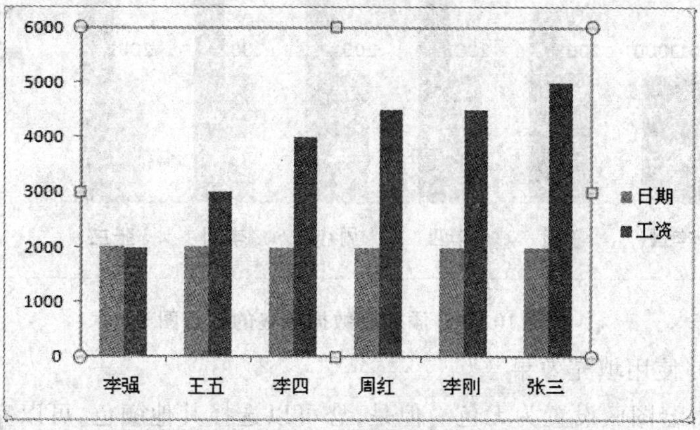

图 10.14 无网格线的柱状图

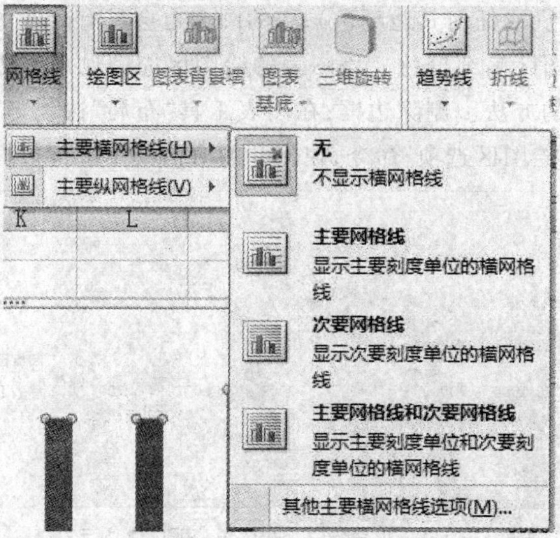

图 10.15 删除网格线步骤

若要添加数据标签，您可以在空白图表区域中用鼠标右键单击，然后在图表工具“布局”选项卡下的“标签”工具栏中点击“数据标签”按钮。

若要减少混乱，您还可以删除其他信息（如果不需要这些信息）。因为数据标签显示了每个柱形的确切数字，您不再真正需要左侧垂直数值（y）轴上的数字。图10.16显示了没有数值（y）轴时的效果（在图表工具“布局”选项卡的“坐标轴”工具栏点击“坐标轴”按钮，在弹出的菜单中进行设置）。当然，如果您的图表没有数据标签，您不会希望删除数值（y）轴。

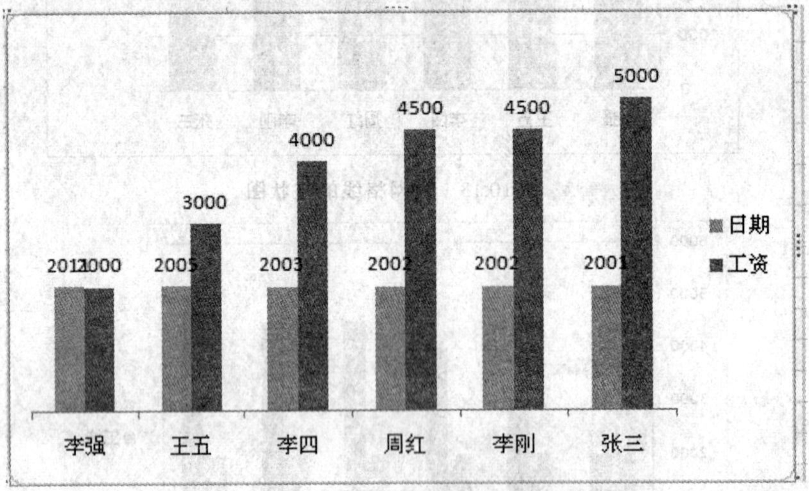

图10.16 添加有数据标签的柱状图

2.更改颜色并使用填充效果

Excel 2007将绘图区设置为无色。但是，您可以选择其他颜色，可以完全不使用颜色，或者大胆地对绘图区使用粉红色或紫色（如果这适合您的图表）。然而，当您使用填充效果时，即使您使用简单的白色（或任何其他颜色），您的图表也会具有专业的外观。

在图10.17中，绘图区是纯橙色。该图表的绘图区周围也没有边框，这是一种很简单的给图表赋予某些特性的方法。删除边框：在图表工具“布局”选项卡下“背景”工具栏中点击“绘图区”按钮的“其他绘图区选项”命令，在打开的对话框中进行边框设置，如图10.18所示。

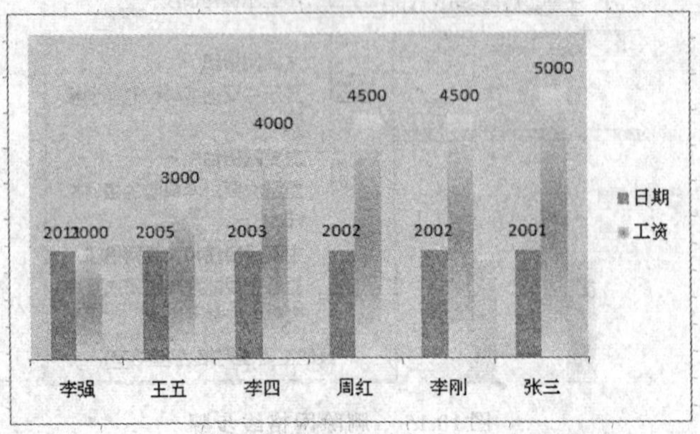

图10.17

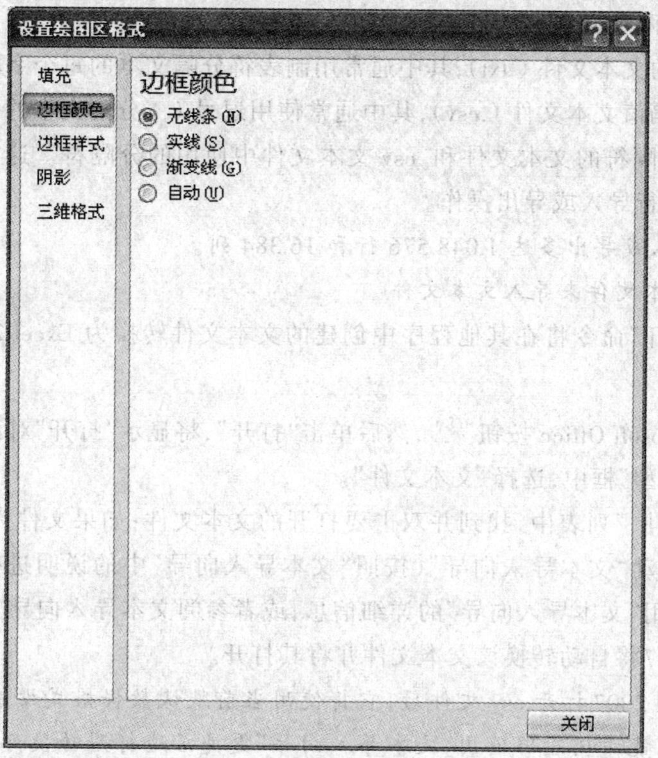

图 10.18 “设置绘图区格式”对话框

若要使用渐变填充绘图区，请点击绘图区并用鼠标右键单击，选择快捷菜单上的“设置绘图区格式”命令，选择“填充效果”，然后选择渐变填充。您是否记得我们曾经说过有两种进行更改的方法？您可以在图表工具“布局”选项卡下“背景”工具栏中点击“绘图区”按钮的“其他绘图区选项”命令，在打开的对话框中进行设置来完成相同的更改。

在图 10.17 中，您还可以为图表上表示工作表数值(“数据系列”)的柱形选择其他颜色。设置方法：在图表工具“格式”选项卡中形状样式工具栏的“形状填充”按钮和“形状轮廓”按钮中分别设置柱状渐变色和去掉轮廓。渐变填充足够好地定义了每个柱形，以至于每个柱形周围的边框没有必要存在，因此可以将其删除。

通常情况下，应避免将两种深颜色放在一起。深浅之间的对比会对数据进行额外强调，并且可以更容易地看出不同数据系列之间的差异。较强烈的颜色对比也有助于观众中的那些色盲患者理解您的图表。

三、将文本文件导入 Excel

使用 Microsoft Office Excel 2007 从文本文件导入数据有两种方式。方法一：在 Excel 2007 中打开文本文件；方法二：导入作为外部数据区域(外部数据区域：从 Excel 2007 的外部(如，数据库或文本文件)导入工作表的数据区域。在 Excel 中，可为外部数据区域中的数据设置格式或用其进行计算，就如同对其他任何数据一样)的文本文件。

以下是常用的两种文本文件格式：

(1)带分隔符的文本文件(.txt)，其中通常用制表符分隔文本的每个字段。

(2)用逗号分隔值文本文件(.csv)，其中通常使用逗号(,)分隔文本的每个字段。

可以更改带分隔符的文本文件和.csv文本文件中使用的分隔符。这样，便可确保能够按照所需的方式进行导入或导出操作。

注意：可以导入或导出多达1,048,576行和16,384列。

1.通过打开文本文件来导入文本文件

可以使用“打开”命令将在其他程序中创建的文本文件转换为Excel 2007工作簿，步骤如下：

(1)单击“Microsoft Office按钮”，然后单击“打开”，将显示“打开”对话框。

(2)在“文件类型”框中，选择“文本文件”。

(3)在“查找范围”列表中，找到并双击要打开的文本文件：如果文件为文本文件(.txt)，则Excel 2007将启动“文本导入向导”(按照“文本导入向导”中的说明进行操作。单击“帮助”以获得有关使用“文本导入向导”的详细信息，或者参阅文本导入向导)；如果文件为.csv文件，则Excel 2007将自动转换该文本文件并将其打开。

注意：当Excel 2007打开.csv文件后，它将使用当前默认数据格式设置来解释如何导入每个数据列。您可能希望能够使用“文本导入向导”更灵活地将列转换为不同的数据格式。例如，.csv文件中数据列的数据格式可能是MDY，而Excel的默认数据格式为YMD，或者希望将带有前导零的数字列转换为文本，以便可以保留前导零。要使用“文本导入向导”，可以在打开文件前将文件的类型更改为.txt，或者通过连接到文本文件来导入文本文件。

2.通过连接到文本文件来导入文本文件

可以从作为外部数据区域(外部数据区域：从Excel 2007的外部(如，数据库或文本文件)导入工作表的数据区域。在Excel 2007中，可为外部数据区域中的数据设置格式或用其进行计算，就如同对其他任何数据一样)的文本文件导入数据，步骤如下：

(1)单击要用来放置文本文件数据的单元格。

(2)在“数据”选项卡上的“获取外部数据”组中，单击“自文本”。

(3)在“查找范围”列表中，找到并双击要导入的文本文件。按照“文本导入向导”中的说明进行操作。单击“帮助”以获得有关使用“文本导入向导”的详细信息，或者参阅文本导入向导。完成向导中的操作步骤后，请单击“完成”。

(4)在“导入数据”对话框中，请执行下列操作(可选)：单击“属性”以设置所导入数据的刷新、格式和布局选项。在“数据的放置位置”下，请执行下列操作之一：要将数据返回所选位置，请单击“现有工作表”。要将数据返回新的工作表的左上角，请单击“新建工作表”。

(5)单击“确定”。Excel 2007会将外部数据区域放置在指定的位置。

要将数据从Excel 2007导出到文本文件，请使用“另存为”命令。

无论是导入还是导出,可能都需要了解有关 Excel 2007 文本转换器的详细信息。有关详细信息,请参阅帮助主题 Excel 中支持的文件格式中的“文本格式”和帮助主题不转换为其他文件格式的 Excel 格式和功能中的“文本文件格式”。

思考题

如何通过一次操作对多个列进行排序?

填写实训报告

见附录。

附录

实训报告册

实训课题			
实训人姓名		同组人员	
指导教师		实训日期	
实训成绩			
实训内容			
实训心得			
教师评语			

实训报告册

实训课题			
实训人姓名		同组人员	
指导教师		实训日期	
实训成绩			
实训内容			
实训心得			
教师评语			

实训报告册

实训课题			
实训人姓名		同组人员	
指导教师		实训日期	
实训成绩			
实训内容			
实训心得			
教师评语			

实训报告册

实训课题			
实训人姓名		同组人员	
指导教师		实训日期	
实训成绩			
实训内容			
实训心得			
教师评语			

实训报告册

<table>
<tr><td>实训课题</td><td colspan="3"></td></tr>
<tr><td>实训人姓名</td><td></td><td>同组人员</td><td></td></tr>
<tr><td>指导教师</td><td></td><td>实训日期</td><td></td></tr>
<tr><td>实训成绩</td><td colspan="3"></td></tr>
<tr><td>实训内容</td><td colspan="3"></td></tr>
<tr><td>实训心得</td><td colspan="3"></td></tr>
<tr><td>教师评语</td><td colspan="3"></td></tr>
</table>

实训报告册

实训课题			
实训人姓名		同组人员	
指导教师		实训日期	
实训成绩			
实训内容			
实训心得			
教师评语			

实训报告册

实训课题			
实训人姓名		同组人员	
指导教师		实训日期	
实训成绩			
实训内容			
实训心得			
教师评语			

实训报告册

<table>
<tr><td>实训课题</td><td colspan="3"></td></tr>
<tr><td>实训人姓名</td><td></td><td>同组人员</td><td></td></tr>
<tr><td>指导教师</td><td></td><td>实训日期</td><td></td></tr>
<tr><td>实训成绩</td><td colspan="3"></td></tr>
<tr><td>实训内容</td><td colspan="3"></td></tr>
<tr><td>实训心得</td><td colspan="3"></td></tr>
<tr><td>教师评语</td><td colspan="3"></td></tr>
</table>

实训报告册

实训课题			
实训人姓名		同组人员	
指导教师		实训日期	
实训成绩			
实训内容			
实训心得			
教师评语			

实训报告册

实训课题			
实训人姓名		同组人员	
指导教师		实训日期	
实训成绩			
实训内容			
实训心得			
教师评语			

实训报告册

<table>
<tr><td>实训课题</td><td colspan="3"></td></tr>
<tr><td>实训人姓名</td><td></td><td>同组人员</td><td></td></tr>
<tr><td>指导教师</td><td></td><td>实训日期</td><td></td></tr>
<tr><td>实训成绩</td><td colspan="3"></td></tr>
<tr><td>实训内容</td><td colspan="3"></td></tr>
<tr><td>实训心得</td><td colspan="3"></td></tr>
<tr><td>教师评语</td><td colspan="3"></td></tr>
</table>

实训报告册

实训课题			
实训人姓名		同组人员	
指导教师		实训日期	
实训成绩			
实训内容			
实训心得			
教师评语			

实训报告册

实训课题			
实训人姓名		同组人员	
指导教师		实训日期	
实训成绩			
实训内容			
实训心得			
教师评语			

实训报告册

实训课题			
实训人姓名		同组人员	
指导教师		实训日期	
实训成绩			
实训内容			
实训心得			
教师评语			

实训报告册

实训课题			
实训人姓名		同组人员	
指导教师		实训日期	
实训成绩			
实训内容			
实训心得			
教师评语			

实训报告册

<table>
<tr><td>实训课题</td><td colspan="3"></td></tr>
<tr><td>实训人姓名</td><td></td><td>同组人员</td><td></td></tr>
<tr><td>指导教师</td><td></td><td>实训日期</td><td></td></tr>
<tr><td>实训成绩</td><td colspan="3"></td></tr>
<tr><td>实训内容</td><td colspan="3"></td></tr>
<tr><td>实训心得</td><td colspan="3"></td></tr>
<tr><td>教师评语</td><td colspan="3"></td></tr>
</table>

实训报告册

实训课题			
实训人姓名		同组人员	
指导教师		实训日期	
实训成绩			
实训内容			
实训心得			
教师评语			

实训报告册

实训课题			
实训人姓名		同组人员	
指导教师		实训日期	
实训成绩			
实训内容			
实训心得			
教师评语			

实训报告册

<table>
<tr><td>实训课题</td><td colspan="3"></td></tr>
<tr><td>实训人姓名</td><td></td><td>同组人员</td><td></td></tr>
<tr><td>指导教师</td><td></td><td>实训日期</td><td></td></tr>
<tr><td>实训成绩</td><td colspan="3"></td></tr>
<tr><td>实训内容</td><td colspan="3"></td></tr>
<tr><td>实训心得</td><td colspan="3"></td></tr>
<tr><td>教师评语</td><td colspan="3"></td></tr>
</table>

实训报告册

实训课题			
实训人姓名		同组人员	
指导教师		实训日期	
实训成绩			
实训内容			
实训心得			
教师评语			

实训报告册

实训课题			
实训人姓名		同组人员	
指导教师		实训日期	
实训成绩			
实训内容			
实训心得			
教师评语			

实训报告册

<table>
<tr><td>实训课题</td><td colspan="3"></td></tr>
<tr><td>实训人姓名</td><td></td><td>同组人员</td><td></td></tr>
<tr><td>指导教师</td><td></td><td>实训日期</td><td></td></tr>
<tr><td>实训成绩</td><td colspan="3"></td></tr>
<tr><td>实训内容</td><td colspan="3"></td></tr>
<tr><td>实训心得</td><td colspan="3"></td></tr>
<tr><td>教师评语</td><td colspan="3"></td></tr>
</table>

实训报告册

实训课题			
实训人姓名		同组人员	
指导教师		实训日期	
实训成绩			
实训内容			
实训心得			
教师评语			

实训报告册

<table>
<tr><td>实训课题</td><td colspan="3"></td></tr>
<tr><td>实训人姓名</td><td></td><td>同组人员</td><td></td></tr>
<tr><td>指导教师</td><td></td><td>实训日期</td><td></td></tr>
<tr><td>实训成绩</td><td colspan="3"></td></tr>
<tr><td>实训内容</td><td colspan="3"></td></tr>
<tr><td>实训心得</td><td colspan="3"></td></tr>
<tr><td>教师评语</td><td colspan="3"></td></tr>
</table>

实训报告册

实训课题			
实训人姓名		同组人员	
指导教师		实训日期	
实训成绩			
实训内容			
实训心得			
教师评语			